VENEDIG

Wintertage in der Serenissima

WOLFGANG SALOMON

Für Michaela
und Lottchen

AL PONTE ANTICO

INHALT

Wir befinden uns hier in einem Moment, in dem die extreme Schärfe der sinnlichen Wahrnehmung kurz davor ist, eine Umwälzung der philosophischen Wahrnehmung der Welt auszulösen, anders gesagt, wir befinden uns hier inmitten der Poesie.

Michel Houellebecq

VORWORT

Gerade in den Wintermonaten lässt Venedig seine Maske fallen und zeigt sich ungeschminkt dem aufmerksamen Beobachter in seiner ganzen Pracht. Das Tempo der Fußgänger in den *Calli* und der Boote auf den Kanälen scheint sich automatisch zu verlangsamen, sobald sich die Lagunenstadt vom Nebel weichgezeichnet in ihrer ganzen Morbidität präsentiert. Dann wieder lädt der glasklare, blaue Winterhimmel zu Erkundungsgängen oder Bootsfahrten in die versteckten und weniger bekannten Winkel der Lagune ein. Nach ausgedehnten Spaziergängen auf verlassenen Inseln oder in den behaglichen Räumen der Museen kann man selbst im Jänner mit etwas Glück den Tag nach Sonnenuntergang in einem windgeschützten Gastgarten der Stadt ausklingen lassen und sich den Spezialitäten der Lagunenküche und der vinophilen Vielfalt des Venetos hingeben.

Im Herbst und im Winter verzaubert Venedig auf ganz besondere Weise und bald lässt sich erahnen, warum diese Stadt Inspiration und Lebensader für Menschen aus aller Welt ist. Die Bedeutung des Wassers ist auch in der kalten Jahreszeit an allen Ecken und Enden zu spüren. Ich möchte Sie an Orte entführen, wo *Acqua Alta* und *Acqua Bassa* den unverwechselbaren Charakter der Venezianer seit Jahrhunderten prägen. Auf der „schönsten Straße der Welt“, dem Canal Grande, möchte ich Ihnen ein ganz besonderes Geschenk machen: nämlich Zeit! Mit *Caffè* und *Cornetto* ausgestattet, lernen Sie aus allernächster Nähe und im stilechten Lagunen-Transportmittel, dem 1er-Vaporetto, die Geschicke der Palazzi kennen. Slowtravel auf Salomon-Art!

Neben Kamera und Notizbuch war das unerschöpfliche Klangspektrum der verschiedensten Musikrichtungen immer schon einer der wichtigsten Begleiter auf meinen Reisen. Deshalb finden Sie in meinem mittlerweile vierten Buch über Venedig – neben meinen persönlichen Eindrücken, ausgewählten kulinarischen Adressen und vielen Erzählungen zu historischen und kulturellen Höhepunkten in der Lagunenstadt – diesmal auch meine musikalischen Favoriten: meine **Tonspur** für Venedig. Dank Smartphone und Co ist es uns heutzutage ein Leichtes, Musikstücke an jedem erdenklichen Ort der Welt zu hören. Auf den populären Plattformen sind alle Titel meiner Tonspuren in voller Länge abrufbar. Nehmen Sie sich Zeit und verpassen Sie Ihrer Stimmung den richtigen Soundtrack.

TONSPUR VENEDIG

Gepaart mit dem einzigartigen Geruch der winterlichen Lagune stellt sich spätestens beim zweiten Gitarrensolo der gewünschte **Gänsehauteffekt** ein.
David Gilmour:
„Comfortably Numb“, 1979.

SYMBOLE

Venedig schmecken | **Venezianische Geschichten** | **Venedig zum Mitnehmen** | **Gut zu wissen**

Schließen Sie die Augen: Stellen Sie sich vor, wie die ersten zaghaften Strahlen der Morgensonne an der Punta della Dogana Ihre Nase kitzeln ... Dazu lauschen Sie dem subtilen Gitarrenspiel David Gilmours. Da zu dieser frühen Morgenstunde kaum jemand unterwegs ist, darf man getrost die Luftgitarre auspacken. Probieren Sie es einfach aus!

Die Symbole **„Venedig schmecken“** und **„Venedig zum Mitnehmen“** sollen Ihnen als Navigatoren dienen – ich entführe Sie an Orte, an denen Sie in die Genüsse der Stadt eintauchen können und wo es außergewöhnliche Mitbringsel für die Daheimgebliebenen zu entdecken gibt. Das Rufzeichen der **„Gut zu Wissen“**-Abschnitte liefert viele wissenswerte Details über die Lagunenstadt, die Ihnen das Erkunden erleichtern sollen.

Meine größte Freude ist es, mit Ihnen meine ganz persönlichen Eindrücke von Spaziergängen, Streifzügen und Touren durch ein unbekannteres winterliches Venedig zu teilen. Deshalb gewähre ich Ihnen Einblicke in mein **Tagebuch**, in dem ich meiner Stimmung und meinen Gefühlen Ausdruck verleihe und in dem ich meiner Fantasie und meiner Hingabe freien Lauf lasse.

Ich freue mich auf unsere gemeinsame Winterreise und hoffe, dass das eine oder andere musikalische, kulinarische und überraschende Zuckerl für Sie dabei sein wird.

Baci e Abbracci!

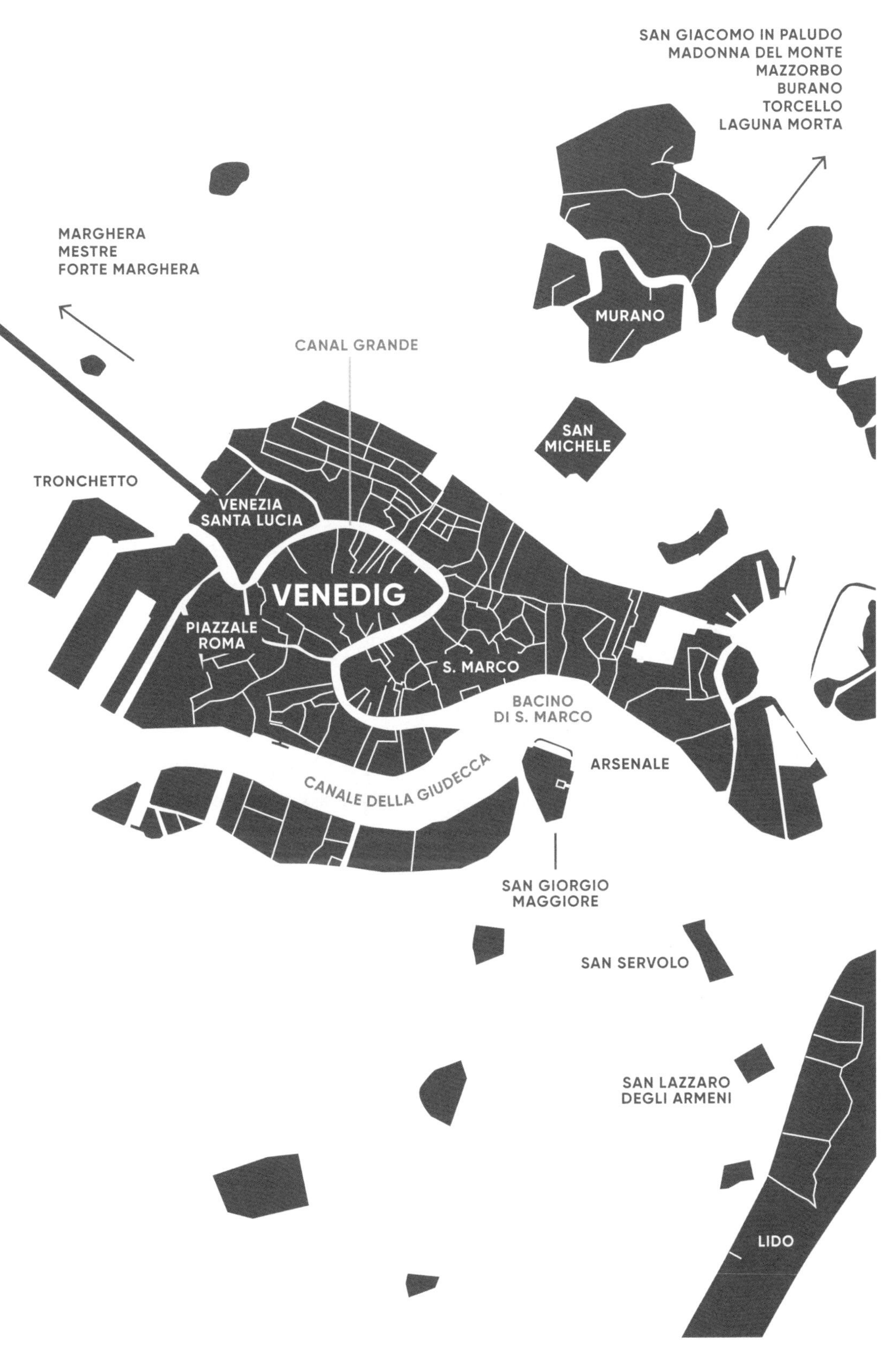
SAN GIACOMO IN PALUDO
MADONNA DEL MONTE
MAZZORBO
BURANO
TORCELLO
LAGUNA MORTA
MARGHERA
MESTRE
FORTE MARGHERA
MURANO
CANAL GRANDE
SAN
MICHELE
TRONCHETTO
VENEZIA
SANTA LUCIA
VENEDIG
PIAZZALE
ROMA
S. MARCO
BACINO
DI S. MARCO
ARSENALE
CANALE DELLA GIUDECCA
SAN GIORGIO
MAGGIORE
SAN SERVOLO
SAN LAZZARO
DEGLI ARMENI
LIDO

INSELHÜPFEN
ZUR LAGUNA MORTA

STILLE ECKEN, RÜCKZUGSORTE, INSELWEIN UND KULINARISCHE OASEN: EIN HERBSTLICHER TAGESAUSFLUG ZU DEN VENEZIANISCHEN HAUSINSELN

Bis in den späten Oktober, wenn es in heimatlichen Gefilden bereits zu herbsteln beginnt, die Temperaturen sich allmählich im kühlen Bereich einpendeln und die Wälder noch für eine kurze Zeitspanne in den schönsten Farben erstrahlen, überwiegen in der Lagune meist Temperaturen, die eher im Spätsommer angesiedelt sind.

Sobald sich die obligatorischen Morgennebelschwaden verzogen haben und die Sonne ihr leuchtendes Herbstlächeln entblößt, motivieren die wärmenden Sonnenstrahlen untertags noch einmal zum Ärmelhochrollen, bevor endgültig die kalte Jahreszeit beginnt. An Tagen wie diesen bietet sich eine alle Sinne stimulierende Bootsfahrt mit dem Linienboot zu den Hausinseln der nördlichen Lagune an, bei denen der aufmerksame Reisende auch nach mehrmaligem Besuch immer wieder Neues zu entdecken hat.

Unsere Route im Überblick: Die erste Etappe führt von der **Fondamenta Nove** zur Friedhofsinsel **San Michele**, gefolgt von der Glasbläserinsel **Murano**. Über den Kanal **Scomenzera San Giacomo**, vorbei an den seit Jahrzehnten verlassenen, geschichtsträchtigen Klosterinseln **San Giacomo in Paludo** und **Madonna del Monte**, geht die Fahrt nach **Mazzorbo**, **Burano** und bis zur sogenannten Wiege Venedigs, dem ehemaligen Bischofssitz **Torcello**.

GUT ZU WISSEN

Mit dem Boot in die nördliche Lagune

Piazzale Roma – Murano: Linie 3
Fondamenta Nove – Murano: Linie 4.1, 4.2
Fondamenta Nove – Murano – Burano – Torcello: Linie 12, N (Linea Notte)

Clash der Kulturen auf der **Fondamenta Nove.** Der Schaffner an der Bootsanlegestelle antwortet auf die in schlechtem Italienisch gestellte Frage eines japanischen Pärchens, ob sein Boot nach Murano oder Burano fahre, indem er beide Zeigefinger an seine rasierten Schläfen hält, damit Kuhhörner imitiert und ihnen ein langgezogenes „Muuuuh…, Muuuurano" entgegenschmettert. Die beiden verstehen seine humorvolle Geste ganz und gar nicht und starren ihn entgeistert an. Verschreckt schlängeln sie sich an dem grinsenden Uniformierten vorbei, ohne ihn dabei nur eine Sekunde aus den Augen zu lassen.

VENEZIANISCHE GESCHICHTEN

Dantes Barke

Zwischen der Fondamenta Nove und San Michele „schwimmt" auf einem unter der Wasserlinie liegenden Ponton die Skulptur „Dante's Barque" des zeitgenössischen georgischen Künstlers Georgy Frangulyan, die im Rahmen der 52. Biennale 2007 installiert wurde. Inspiriert durch eine Szene aus Dante Alighieris „Göttlicher Komödie", zeigt die Skulptur den Dichter Dante und seinen Führer Vergil bei der Querung des Totenflusses Acheron, in dessen Wasser die Seelen der Verdammten kochen. Es handelt sich um die einzige Skulptur der Welt, die auf dem Wasser schwimmt.

Die Brücke zum Fest der Toten

Im Jahr 2019 ließ Venedigs Bürgermeister Brugnaro zu Allerheiligen die Friedhofsinsel mit einer Pontonbrücke für zehn Tage an die Fondamenta Nove anbinden. Das „Wahlgeschenk" für die Venezianer ging nach hinten los, da ein Teil der Bürger gegen einen weiteren Ausverkauf der Stadt protestierte, bei dem sogar das Totenfest kommerziell ausgeschlachtet werden sollte. Als Konsens war das Beschreiten der Brücke nur für Einheimische und Besitzer der orangen Venezia Card erlaubt.

SAN MICHELE
Über dem Mauergrab des geheimnisvollen Baron Corvo

Durchschreitet man auf San Michele das Portal zu Venedigs stimmungsvoller Gräberwelt, liegt zur Rechten hinter der Abteilung M die Sektion 7. (Ein Lageplan mit den Abteilungen und Sektionen des Cimiteros hängt am Haupteingang aus.) Hier befindet sich hinter einer schlichten Steinplatte in der obersten Reihe der Begrenzungsmauer die letzte Ruhestätte des exzentrischen **Frederick Rolfe** (1860–1913), auch bekannt unter seinem selbst verliehenen Fantasietitel „Baron Corvo" (Baron Rabe), mit dem er sich im Bekanntenkreis gerne ansprechen ließ.

Oben: Lachsfarbene Rosen bedeuten Abschied von innig Geliebten und sind gleichzeitig ein Symbol für Schüchternheit.

Unten: Dante und Vergil weisen den Weg zur venezianischen Totenstadt.

Rolfe war in England aufgewachsen und bereits in jungen Jahren durch religiös und homoerotisch provokative Schrullen aufgefallen, die ihn Zeit seines Lebens immer wieder in Schwierigkeiten bringen sollten. Neben seinem Betätigungsfeld im Bereich der Fotografie und Malerei erhielt er vor allem durch seine äußerst kontroversen literarischen Werke in einschlägigen Zirkeln einen gewissen Bekanntheitsgrad (siehe S. 23). Was Thomas Mann in seinem „Der Tod in Venedig" (1911) nicht einmal zu denken wagte, wurde von Rolfe in seinen an Tabus rüttelnden Novellen und Kurzgeschichten sehr explizit beschrieben. In seinem bekanntesten Werk, dem tagtraumartigen Roman „Hadrian the Seventh" (1904), ist der Titelheld ein frustrierter, bitterarmer Schriftsteller, der mit all den gegensätzlichen Charaktereigenschaften des Autors gesegnet ist und schließlich sogar zu einem gereizten, unfehlbaren und despotischen Papst gewählt wird. Das bis heute stark polarisierende, teils autobiografische Werk „The Desire and Pursuit of the Whole" (1909) schildert die Liebe des Ich-Erzählers zu einem hermaphroditen *Gondoliere*. In den kurz vor seinem Tod entstandenen Kurzgeschichten „On Cascading into the Canal" und „Venetian Courtesy" (1913) erzählt Rolfe auf seine unnachahmliche Art von unfreiwilligen Bädern im Kanal, skurrilen Begebenheiten und absonderlichen Begegnungen in der Lagunenstadt, angesiedelt zwischen Misanthropie und schwarzem Humor. In einem seiner letzten Werke rudert der Protagonist, Rolfe selbst, in Begleitung zweier *Gondolieri* eigenhändig mit seiner privaten *Gondola* zu den abgelegensten Orten der Lagune und besucht unter anderem Burano, Torcello sowie die von unzähligen Mythen umrankte, von Schlangen nur so wimmelnde **Ossarium-Insel Sant'Ariano**, auf der seit Jahrhunderten die von San Michele exhumierten Gebeine, zu Tausenden aufgeschichtet, zur allerletzten Ruhe gebettet liegen.

Hast du jemals Schlangen gesehen,
die aus den Augenhöhlen eines Totenschädels gleiten?
Ich habe sie gesehen.
Es ist ein schrecklicher Anblick, und ein sehr feierlicher.
Frederick Rolfe

Im Gegensatz zu Thomas Mann, dessen in alle nur erdenklichen Richtungen interpretierte Novelle „Der Tod in Venedig" noch immer als Standardwerk der Weltliteratur gilt, geriet Rolfe schon kurz nach seinem Tod in Vergessenheit. Er hatte ein besonderes Talent, seine Freunde, Gönner und Förderer vor den Kopf zu stoßen, sodass diese sich nach und nach von ihm abwandten. Obwohl er ständig in Geldnot und zeitweise sogar ohne Obdach war, hielt Rolfe bis zu seinem Tod an seiner Wahlheimat Venedig fest, selbst wenn er mangels Alternativen mehr Nächte unter dem Sternenhimmel des Lidos oder auf seiner privaten *Gondola* in der Lagune schlafen musste, als ihm lieb war.

Wenn der letzte Glockenschlag in den 57 Rundbögen des Kreuzgangs verstummt ist, kehren die dort brütenden Vögel wieder in ihre versteckten Nistplätze zurück.

Schweigsam und einzigartig in ihrer Schönheit schält sich die Basilika der Friedhofsinsel aus dem Morgennebel. Die Luft schmeckt salzig und der feine Geruch der Ewigkeit hängt über der Lagune.

Am Scheitelpunkt zwischen ewiger Ruhe und stetigem Wellenschlag liegt in diesem Mauerwerk der „Baron Corvo" zur letzten Ruhe gebettet.

Mithilfe einer der Metallleitern, die entlang der Friedhofsmauern für Blumengaben in den oberen Reihen der Gruften bereitstehen, erklimme ich die breite Westmauer. Auf deren Krone lasse ich mich für einige Minuten nieder, um das Panorama auf die Nordseite Venedigs und über die unzähligen Gruften und Gräber San Micheles aufzusaugen. Die Mauer ist hier mehrere Meter dick und bildet eine Scheide zwischen der ungebändigten Wildheit der Lagune und der dem Wasser abgerungenen Toteninsel. Hier ruhen Rolfes Gebeine. Von rechts nehme ich den markanten Odor brackigen Wassers und den Schiffsdiesel des vorbeischippernden Linienbootes wahr, während der Geruch nach feuchten Steinen und frischer Friedhofserde auf der anderen Seite dominiert. Ein paar Zentimeter unter mir zur Rechten der stete Wellenschlag des vorbeiströmenden Wassers, zur Linken die beschauliche Ruhe des Cimiteros.

Zwei androgyne Wesen in gestreiften Matrosenpullis und mit geflochtenen Strohhüten, als ob sie direkt aus Rainer Werner Fassbinders „Querelle" (1982) entsprungen wären, schlendern durch die Sektion 7. Auf den ersten Blick sehen sie wie ganz normale *Gondolieri* aus. Erst auf den zweiten Blick erkenne ich auf der bleichen Haut (*Gondolieri* sind das ganze Jahr über von der Sonne verbrannt) dezent aufgetragenes Wangenrouge und feinen Kajalstrich. Mich bemerken sie erst, als einer der beiden „meine" Metallleiter erklimmt, um eine langstielige schwarze Rose an Rolfes Grab zu befestigen. Beim Weggehen entkorken sie eine Flasche Rotwein und rufen ein Salute auf Baron Corvo aus. Rolfe hätte sicher einen mitgehoben.

VENEZIANISCHE GESCHICHTEN

Favola di Venezia

Auch der zu Lebzeiten auf Pellestrina residierende Weltenbummler, Comic-Autor und „Corto Maltese"-Schöpfer **Hugo Pratt**, der in seine Bildgeschichten immer wieder berühmte Zeitgenossen einbaute, zollte **Frederick Rolfe** Tribut. Er implementierte ihn als mysteriösen Baron Corvo in seiner „Venezianischen Legende" – aka unter dem, wie Pratt selbst meinte, „weitaus poetischeren, aber dafür nicht so leicht verständlichen" arabischen Untertitel „Sirat Al Bunduqiyyah".

TONSPUR VENEDIG

Der singende „Avvocato" **Paolo Conte** verbeugte sich vor Hugo Pratt und seinem Corto Maltese auf dem 2016 erschienenen Instrumental-Album „Amazing Game". Der Titel **„Sirat Al Bunduqiyyah"** bietet sich als Soundtrack für den Besuch auf dem Cimitero San Michele an.

VENEDIG SCHMECKEN

Die Lagune im Glas

Gut versteckt auf der Friedhofsinsel, neben dem Kirchenschiff von Sant'Elena, liegt ein zweihundert Jahre alter Weingarten, der erst seit kurzer Zeit wieder bepflanzt und von einem venezianischen Verein betreut wird. Dieser setzt sich unter dem Credo „Unsere von Hand gepressten und mit viel Liebe hergestellten Weine mögen zwar nicht immer perfekt sein – wir lieben sie aber trotzdem, weil sie eben unsere Kinder sind" für die Rekultivierung autochthoner Rebsorten der Lagune ein: Im Oktober findet die gesellige Lese statt, bei der das naturbelassene „In Vino Veritas" getaufte Cuvée aus Dorona, Malvasia und Prosecco mit viel Spaß und Elan von Kinderfüßen gestampft wird. Der mit antiken Fässern versehene Klosterkeller fungiert gleichzeitig als Weinkeller – ein Zeugnis vergessener Weinherstellungstradition.

Die Winzer, Sommeliers und Gastronomen des Vereins betreuen noch weitere Rebflächen auf der Giudecca, auf Sant'Elena und auf Vignole. Aufgrund des geringen Ertrages, der den winzigen Parzellen abgerungen wird, sind die Weine nicht im regulären Handel zu finden. Interessierte und Förderer des Projekts können aber mit dem Verein Kontakt aufnehmen oder den Wein in der Vorweihnachtszeit im Rahmen karitativer Projekte erwerben.

www.lagunanelbicchiere.it

MURANO
Von Glaskriegern, dicken Katzen und dem Dogen Nummer 86

Spaziert man abseits der touristisch hoch frequentierten Glas- und Lokalmeile entlang des **nördlichen Ufers** des **Canal Ponte Longo**, tut sich ein Murano auf, das mehr seinen Einwohnern vorbehalten ist. Zwischen zweckmäßigen Wohnanlagen neueren Datums, leerstehenden Fabrikanlagen und mit Stangenbohnen bepflanzten Parzellen zeigt sich die Glasbläserinsel von ihrer unspektakulären Seite. Durch dieses Viertel gelangt man zur **Santa Maria degli Angeli** – einer der wenigen Gründe, warum sich Tagesausflügler hierher verirren. Dabei hält diese Gegend gerade in der kalten Jahreszeit eindrucksvolle Alltagsszenen für Besucher bereit.

Eine Bande johlender Kinder jagt eine wohlgenährte rot-weiß gestreifte Katze entlang der Calle degli Angeli, die im Zickzackkurs geschickt den nach ihr greifenden kleinen Fingern ausweicht. Immer wieder verharrt sie mit aufgestelltem Schwanz, wenn der Abstand zwischen ihr und den Verfolgern zu groß wird. Nach einiger Zeit wird ihr das Treiben zu bunt und behände entzieht sie sich dem Zugriff mit einem Sprung auf ein Mauergesims. Von oben betrachtet sie stolz wie eine Katzenkönigin das Kindervolk unter ihr, das nach und nach zum Mittagstisch gerufen wird. Als auch der letzte Verfolger das Weite gesucht hat, beginnt sie sich die Pfoten zu lecken. Der kugelrunde Bauch hängt dabei über den Mauerrand. Durch die Gasse ziehen Küchendüfte und der Geruch frisch gewaschener Wäsche. Das Knarzen der vertäuten Boote, die sich sanft im Rhythmus der Dünung an den *Briccole* reiben, und Geschirrgeklapper aus den umliegenden Häusern bilden die Hintergrundmusik, während ich versonnen das Spiel der Wellen betrachte.

Am westlichen Ende der Fondamenta Venier liegt ein von einer mehrmals notdürftig vor dem Einsturz bewahrten Ziegelmauer umgebener Hof, der von einer auf drei steinernen Stufen ruhenden Zisterne dominiert wird. Bei jedem meiner Besuche scheinen die Risse, die auch durch die Mauern des Campanile der Renaissancekirche **Santa Maria degli Angeli** ziehen, tiefer zu werden. Die Kirche und der dazugehörige Konvent sind seit Übernahme in die Pfarrei von San Donato di Murano wochentags geschlossen. Sie sollen in mehreren Etappen in dringend benötigten Wohnraum umgewandelt werden.

Im Kirchenschiff der im 12. Jahrhundert errichteten Chiesa di Santa Maria degli Angeli (zu besichtigen nur am Sonntag zur heiligen Messe um 11 Uhr oder auf Anfrage, +39 041 739 056) befinden sich Meisterwerke von Jacopo Palma il Giovane, Giovanni Antonio da Pordenone und Pietro Damini sowie die ehemalige Grabstätte des 86. Dogen, **Sebastiano Venier**. Es handelt sich ursprünglich um die Grablegungskirche der Patrizierfamilie (siehe S. 104). Sebastiano Venier war hier bis zur Übersiedlung seiner sterblichen Überreste in die Basilika di Santi Giovanni e Paolo im Jahr 1907 provisorisch bestattet. Als Held der Schlacht von Lepanto wäre ihm von seiner Familie ein würdiges Grabmal zugedacht gewesen, das aber nie über den Planungsstatus hinauskam.

Oben: Der romantische Hof der Chiesa di Santa Maria degli Angeli.

Unten: Wenn bei *Acqua Bassa* der Pegelstand fällt, liegen die Boote an der Fondamenta Cristoforo Parmense auf dem Trockenen.

Aus einer der ältesten Glasbläserdynastien der Insel stammt der 1928 auf Murano geborene **Ermanno Nason**, der als „Guerriero del Vetro“ (Krieger des Glases) in die Geschichte der Glasbläserkunst eingehen sollte. Die Faszination für die Arbeit mit diesem außergewöhnlichen Werkstoff packte den jungen Ermanno schon früh. Bereits im Alter von zehn Jahren betätigte er sich am Glasofen des Vaters, von dem er seine Leidenschaft für dieses Handwerk geerbt hatte. In Rekordzeit absolvierte er seine Lehre, bereits mit 18 Jahren wurde er zum jüngsten Meister auf Murano. In den 1950er Jahren arbeitete Ermanno in der legendären „Fucina degli Angeli“ – der Schmiede der Engel – des Glasbläserkünstlers Egidio Constantini. Dort stellte er gemeinsam mit Künstlern wie Pablo Picasso, Max Ernst oder Jean Cocteau (Namen, die man auch aus dem Dunstkreis von Peggy Guggenheim, siehe S. 53, kennt) aus deren Entwürfen dreidimensionale Glasartefakte her und etablierte dadurch die Disziplin Glaskunst international.

Obwohl Ermanno Nason zahlreiche verlockende Angebote aus dem Ausland erhielt, lehnt er stets mit zwei Begründungen ab: Erstens wollte er die heimischen Glasöfen, das Licht und die Atmosphäre der Lagune nicht missen, die er für seine Kreativität unabdingbar hielt. Zweitens fühlte er sich der jahrhundertealten Tradition der heimischen Glasbläser verbunden und dachte nicht daran, die gut gehüteten Techniken ins Ausland zu bringen. Nason sah seine Arbeit mit einem der ältesten Werkstoffe der Menschheit als Forschung mit der Materie, der er sich Zeit seines Lebens mit Hingabe widmete. Er war als Lehrer an fremden Öfen, aber auch als selbstständiger Meister stets auf der Suche nach neuen Techniken. Tragischerweise wurde 1993 bei einem Brand in seiner Werkstatt ein Großteil seiner Kollektion Opfer der Flammen. Ermanno Nason zog sich daraufhin komplett aus seinem Metier zurück und widmete sich bis zu seinem Tod 2013 der Malerei.

VENEDIG ZUM MITNEHMEN

Glaskunst auf Murano

Wer die Basilika **Santa Maria e Donato** in der Calle San Donato 11 besucht, sollte sich nicht nur der Entschlüsselung des byzantinisch beeinflussten Bodenmosaiks aus dem Jahr 1141 widmen (eine detaillierte Anleitung ist im Kirchenschiff ausgehängt). An der Seitenwand der Basilika befindet sich ein von Ermanno Nason im Jahr 1975 gefertigter, düster wirkender, schwarzer Jesus an flammendem Kruzifix, der bei eingehender Betrachtung ebenso hypnotisch wirkt wie der kunstvoll gelegte Bodenbelag.

Mehr über das Schaffen Ermanno Nasons erfährt man in der **Ermanno Nason Gallery** im nördlichen Teil Muranos. Geöffnet nur auf Anfrage.

Ermanno Nason Gallery, Calle del Molador 10, 30141 Murano,
+39 033 891 269 78, www.ermannonason.com

Nur einige Meter vom Eingang zur Chiesa di Santa Maria degli Angeli entfernt liegt die Werkstatt des international bekannten Glasbläsermeisters **Fabiano Amadi**, an dessen farbenprächtigen Trinkbechern, Vasen und Kerzenhaltern man sich gar nicht satt sehen kann.
Lavorazioni Artistiche di Fabiano Amadi, Calle Odoardo 5, 30141 Murano, +39 041 527 527 7, www.fabianoamadi.com

Ein kleiner Spaziergang über den Vorhof der Chiesa di Santa Maria degli Angeli und entlang der Fondamenta Cristoforo Parmense (siehe S. 26) führt zu einer zweistöckigen modernen Wohnhausanlage. Davor zur Rechten residiert bei der Hausnummer 10 der 1944 in Venedig geborene Maler und Glasdekorateur **Giampaolo Ghisetti**, der seit sechzig Jahren in seinem künstlerischen Metier tätig ist. Im gemütlichen Vorgarten, von der Fondamenta gut einsehbar, zieht meist ein aktuelles Artefakt die Blicke der Vorbeigehenden auf sich.

Am Ende der Fondamenta lädt eine **Bank mit Blick auf die Lagune** und die Inseln Campalto und San Secondo zum Verweilen ein. Der schmale, abzweigende Kanal ist bei *Acqua Bassa* (Niedrigwasser) oft komplett ausgetrocknet. Dann liegen hier die vertäuten Boote wie gestrandete Fische auf trockenem Grund.

In der winzigen, zeitlos scheinenden Poldo Bar sind überwiegend Bewohner aus den umliegenden Häusern bei *Caffè* und *Spritz* zu finden.

VENEDIG SCHMECKEN

Trattoria Busa alla Torre „da Lele"

Das vom Patron Gabriel Masiol seit Jahren liebevoll geführte „da Lele" gilt als kulinarische Oase auf Murano. Auf der Karte steht im Oktober und November und von Jänner bis April die nur zu dieser Zeit erhältliche Lagunenspezialität **Moeche**: handverlesene, zarte Weichschalenkrebse, die in diesem Zeitraum ihren Panzer ablegen. Im „da Lele" kommt diese Delikatesse in Eierpanade frittiert auf den Teller. Unbedingt probieren!

Beim rotbäckig-vollbärtigen Signore Masiol hat man es mit einem Gastronomen zu tun, der seine Profession mit Leib und Seele lebt. Interessierten Gästen erklärt er das Tagesangebot persönlich. Das „da Lele" hat nur in den Mittagsstunden geöffnet. Bei gutem Wetter speist man auch in den Wintermonaten vor dem Lokal mit Blick auf den Torre dell'Orologio und die auf der anderen Seite des Kanals liegende Chiesa di San Pietro Martire.

Trattoria Busa alla Torre „da Lele", Campo Santo Stefano 3, 30141 Murano,
+39 041 739 662

Erdig und authentisch

Am von Touristen eher spärlich frequentierten Campo San Bernardo, wo sich das unglamouröse Alltagsleben der Insulaner zwischen Wäscheleinen, gut genährten Katzen und herumtollenden Kindern abspielt, liegt die „Ostaria (sic!) La Perla ai Bisatei". Unter der Woche isst hier die arbeitende Bevölkerung zu Mittag, am Wochenende finden sich die Familien aus der Umgebung ein. Im immer gut besuchten „ai Bisatei" geht es laut und erdig zu. Die Preise sind nach wie vor ungewöhnlich günstig, die Stimmung ist immer gut.

Osteria La Perla ai Bisatei, Campo San Bernardo 7, 30141 Murano,
+39 041 739 528, keine Website

Osteria Acquastanca

Mit „Tranquillità e buona Cucina in Isola" wirbt die „Osteria Acquastanca". Giovanna Arcangeli und Caterina Nason setzten sich vor mehr als zwölf Jahren in den Kopf, eine ehemalige Bäckerei zu einer urgemütlichen Osteria umzugestalten und Klassiker der Lagunenküche mit zeitgemäßem Touch zu servieren. Anfangs von konservativen Insulanern belächelt, erspielten sich die beiden innerhalb kürzester Zeit eine Reputation weit über die Grenzen Muranos hinaus. Unbedingt die hausgemachten *Gnocchi con Canoce* (fangfrische Garnelen aus der Lagune) und zum süßen Abschluss *Salame al Cioccolato* probieren. Ob seines freundlichen Teams und der ausgezeichneten Küche seit vielen Jahren eines meiner absoluten Lieblingslokale in der Lagune!

Für den kleinen Hunger steht vor dem Acquastanca das ganze Jahr über ein gemütliches Bankerl, auf dem sich bei *Ombra* und *Cicchetti* das rege Treiben auf der Fondamenta beobachten lässt.

Acquastanca, Fondamenta Manin 48, 30141 Murano,
+39 041 319 512 5, www.acquastanca.it

TONSPUR VENEDIG

Soundtrack Murano
Für die Erkundung der abgelegenen Ecken Muranos empfehle ich das Album „Da San Siro a Samarcanda" (1992) von **Antonello Venditti**, das mittlerweile auch fast zwanzig Jahre auf dem Buckel hat, ohne nur einen einzigen Augenblick angestaubt zu wirken. Vom Gänsehaut verursachenden Starter „Raggio di Luna" bis zur träumerischen Ballade „Alta Marea" vermittelt dieses zeitlose Best-of-Live-Doppelalbum schiere italienische Lebensfreude sowie den Drang, jede einzelne Nummer lauthals mitzusingen.

Kontemplativer Sonnenaufgang inmitten der Ruinen der geschichtsträchtigen „Sumpfinsel".

SAN GIACOMO IN PALUDO
Hospiz für Pilger, Leprainsel und ein findiger Bettelmönch

Auf halbem Weg zwischen Murano und Mazzorbo befindet sich mit **San Giacomo in Paludo** ein auf den ersten Blick eher unspektakulär wirkendes Eiland, dessen Historie allerdings bis zu den Anfängen Venedigs zurückreicht. Bereits im Jahr 1046 bekam ein gewisser Giovanni Trono di Mazzorbo vom Dogen ein Stück Marschland (*paludo* = Sumpf, Marsch) übertragen, auf dem dieser ein Hospiz für „Pilger, Reisende und für alle, die Schutz vor den Unwettern der Lagune suchen" errichten ließ. Diesem war allerdings keine lange Lebensdauer beschert. 200 Jahre lang sollte es leerstehen, bevor sich 1238 Nonnen des Zisterzienserordens auf der Insel niederließen. Nachdem das ursprünglich aus den Steinen der antiken Klosteranlage von **Ammiana** (eine vor Jahrhunderten versunkene Insel im Norden der Lagune) erbaute Konvent renoviert worden war, übertrug man im 15. Jahrhundert einem Bruder des Franziskaner-Minoritenordens, Padre Francesco di Rimini, das Priorat auf San Giacomo. Entgegen allen Vereinbarungen entrichtete der schlitzohrige *Padre* allerdings keine Abgaben an das Kloster Santa Margherita di Torcello, sondern kehrte klammheimlich mit der kompletten Einrichtung und den Klosterschätzen nach Rimini zurück, woraufhin er von Papst Paul II. seines Amtes enthoben wurde.

Die Besitzverhältnisse änderten sich über die Jahrhunderte hinweg mehrmals. Als 1796 das Inselkloster endgültig geschlossen wurde, war letztendlich nur mehr ein einziger Bruder ansässig, der an Feiertagen die Messe las und Reisenden Schutz vor Unwettern bot. Er war bei den Fischern der Lagune wegen seiner **Bettelmethoden** gut bekannt. Auf einem Steg vor dem Klostereingang stehend, hielt er vorbeifahrenden Booten einen an einem langen Stab befestigten Leinensack entgegen, um aufdringlich Almosen zu erbetteln. Ein Stich von Antonio Visenti aus dem Jahr 1777 zeigt den Mönch mit seinem **Bettelstab** auf dem Steg.

1810 wurden unter Napoleon die Kirche samt Campanile und der Konvent mit dem zugehörigen Gästehaus abgerissen. Bis 1961 war San Giacomo in Paludo dann abwechselnd als Munitionsdepot, Kaserne und Geschützstellung in Verwendung. 1975 wurde eines der Depots renoviert und für mehrere **Theaterveranstaltungen** im Rahmen der Biennale benutzt. Wie bereits Jahrhunderte zuvor von Francesco di Rimini wurde das Interieur samt Boden allerdings schon nach kurzer Zeit von Unbekannten entwendet.

In den 1980er Jahren stieß der **Lagunenforscher Ernesto Canal** bei Ausgrabungsarbeiten am Ostufer auf sensationelle Reste einer spätantiken Siedlung des Römischen Reiches. Seit einigen Jahren wird über den Bau einer Hotelanlage auf der brach liegenden Insel diskutiert. Konkrete Pläne sind allerdings nicht bekannt.

Dem Gros der Passagiere sind die mitten im Nirgendwo der Lagune aus dem Wasser ragenden, brusthohen Mauern von Paludo mit dem markanten steinernen Madonnenbildnis nicht einmal einen kurzen Blick wert. Sie bleiben in ihre Gespräche, Zeitungen oder Tablets vertieft. Nur wenige Interessierte zücken den Fotoapparat, um die nur einige Meter von der Fahrrinne entfernten überwucherten Ruinen einzufangen. Vor Kurzem setzte mich mein Skipper vor Sonnenaufgang im hölzernen Bootshaus, dessen Wände in der Dunkelheit vom Schimmel grünlich fluoreszierten, auf der verlassenen Insel ab. Für einige Stunden hatte ich Paludo ganz für mich allein. Nach einem Sternschnuppenregen und dem bilderbuchartigen Sonnenaufgang, der ein faszinierendes Farbspektrum von leuchtendem Pink bis Tieforange über die Lagune projizierte, strich ich entrückt von der Stille und Schönheit des kleinen Eilands durch die mannshohen Wiesen und Ruinen der ehemaligen militärischen Befestigungsanlage, die auf den Fundamenten eines Klosters erbaut wurde.

Die letzte halbe Stunde meiner Besuchszeit verbrachte ich allerdings unfreiwillig rittlings und mit stark erhöhter Herzfrequenz auf der Westmauer sitzend, nachdem sich eine durchs Gras gleitende, schwarz glänzende Schlange auf meinem Stativ emporschlängelte. So wurde ich zum unfreiwillig komischen Motiv einiger Touristenkameras auf den fast in Griffweite passierenden Linienboote. Leider hatte ich keine adäquate Rute dabei, an der ich meinen wasserdichten Beutel befestigen und somit Almosen bei den Passierenden erbetteln konnte, wie es der Einsiedlermönch auf Paludo schon vor Jahrhunderten getan hatte.

MADONNA DEL MONTE
Isola di Tabacco e Polveri

Wie der alte Name der Insel – San Nicolò della Cavana e Beata Vergine del Rosario – mit dem Begriff *Cavana* (Bootsunterstand) bereits verrät, fanden Reisende und Fischer einst auf Madonna del Monte Schutz vor Unwettern. Im Jahr 1303 wurde hier ein Kloster geweiht, in dem vier Nonnen des Benediktinerordens lebten. Aufgrund der unwirtlichen Umgebung zog allerdings eine Nonne nach der anderen weg von der Insel. Auf Anordnung des Bischofs von Torcello wurde der Konvent schließlich um 1432 geschlossen und mit dem Kloster Santa Caterina di Mazzorbo zusammengelegt. Die Insel verfiel zusehends und verwandelte sich immer mehr in das ursprüngliche Marschland zurück, das sie vor der Besiedlung gewesen war.

1708 erhielt der aus einer Patrizierfamilie stammende Piero Tabacco, der nach einer göttlichen Eingebung unbedingt auf der Insel bestattet werden wollte, von den Nonnen von Santa Caterina di Mazzorbo (siehe S. 35) die Erlaubnis, eine Kirche und ein Haus auf den Fundamenten des verfallenen Klosters zu errichten. Im Oktober 1713 erteilte Marco Guistiniani, der Bischof von Torcello, dem neu erbauten Gotteshaus **Santa Maria del Rosario** seinen Segen. Gemeinsam mit einer kleinen, sektenähnlichen Gefolgschaft lebte Tabacco bis zu seinem Tod auf der Insel. Nach Auflösung des Ordens unter Napoleon im Jahr 1806 wurden die leerstehenden, verfallenden Gemäuer bis auf die Grundmauern zerstört.

Anfang des 20. Jahrhunderts errichtete das italienische Militär zwei Depots auf der Insel, die von der mit Kletterpflanzen überwucherten Ruine der ehemaligen Militäranlage dominiert wird.

Rittlings auf der Begrenzungsmauer sitzend warte ich auf den Abzug des Gänsehaut verursachenden schwarzen Schlangengetiers.

Das ehemalige Deposito Polveri (Pulverdepot) am Westufer von Madonna del Monte wurde mittlerweile komplett von der Hauptinsel abgetrennt.

MAZZORBO
Schon wieder Inselwein und die älteste Glocke der Lagune

Die Obst- und Gemüseinsel Mazzorbo, erreichbar über eine sechzig Meter lange Holzbrücke, bildet den ruhenden Gegenpol zur geschäftig-bunten Nachbarinsel Burano. Während dort die Touristenboote in der Hochsaison mittlerweile gefühlt im Minutentakt anlegen, geht es auf Mazzorbo nach wie vor eher gemächlich dahin. Mazzorbetto auf der anderen Seite des Canale di Mazzorbo ist sogar weiterhin nur mit dem Privatboot zu erreichen. Dort befindet sich neben einigen zum Teil leerstehenden Häusern und Gemüseanbauflächen noch immer jene gotische Villa, die sich einst im Besitz von **Giacomo Casanova** befand.

Um Mazzorbo bei einem kleinen Rundgang zu erkunden, bietet sich die Bootsstation unmittelbar vor dem Eingang zum **Weingarten der Tenuta Venissa** als Ausgangspunkt an. Durch einen mit Skulpturen versehenen, im Weingarten integrierten Park erreicht man den Fuß der **Brücke** am nordöstlichen Ende Mazzorbos, die hinüber nach Burano führt. Der malerische Pfad windet sich entlang der mit der autochthonen Sorte Dora bepflanzten Rebstöcke. Wer die fast gleich lange Route entlang der Außenmauer mit Blick auf Torcello und die hier beginnende Laguna Morta wählt, möge vor allem bei näherer Begutachtung des halb verfallenen Campaniles von **San Michele Arcangelo** Obacht geben. Hier hat sich seit längerer Zeit ein wildes Bienenvolk angesiedelt, das aggressiv sein Territorium verteidigt.

Der Weg führt weiter durch die vom venezianischen Architekten **Carlo Scarpa** erdachte Wohnsiedlung, deren geradlinig und trotzdem verschachtelt wirkende Reihenhausästhetik mit ihrer eigenen kleinen Marina die grellbunten Häuser Buranos dezent in Pastellfarben gehalten widerspiegeln soll. Sitzmöglichkeiten direkt am Wasser des östlichen Ufers laden vorzüglich dazu ein, Wintersonne zu tanken, die friedliche Stimmung Mazzorbos in sich aufzusaugen und sich gleichzeitig vom Wellenschlag der Lagune einlullen zu lassen. Von hier aus genießt man einen wunderbaren Ausblick auf den windschiefen Campanile der Chiesa di San Martino auf Burano, die Klosterinsel San Francesco del Deserto und das im Sonnenlicht glitzernde Blau der Lagune. Der penibel gepflegte kleine Friedhof am Ende der Allee bietet einen stimmungsvollen Einblick in das Leben der Buranesen, die über Generationen ihre Familien vom Fischfang ernährten und nicht selten für immer auf dem Wasser blieben.

Am südlichsten Zipfel Mazzorbos hängt in der **Chiesa di Santa Caterina**, die ihren Ursprung im Jahr 783 hat, nicht nur die älteste Kirchenglocke der Lagune, sondern auch eine der ältesten in ganz Europa. Der im Jahr 1318 gefertigten Glocke wird seit Jahrhunderten die Kraft der Blitzabwehr zugeschrieben, was leider nicht immer einwandfrei funktioniert zu haben scheint – Einschläge im Campanile sind durchaus historisch belegt. 1712 wurde der Santa-Caterina-Klosterkomplex von Piero Tabacco restauriert, der sich später mit seiner Gefolgschaft auf **Madonna del Monte** zurückzog. Zur Rechten des Eingangsportals befindet sich das originale **Basrelief der Madonna**, das ursprünglich in der Mauer von San Giacomo in Paludo eingelassen war. Um es vor Diebstahl oder Vandalismus zu schützen, transportierte man es vor über dreißig Jahren hierher.

In diesem beschaulichen Weingarten auf Mazzorbo gedeiht die autochthone Lagunenrebsorte Dorana. Inmitten des Wingerts befindet sich der Gastgarten des Ristorante „Venissa", wo man den raren Tropfen gleich verkosten kann.

Entlang der **Fondamenta di Santa Caterina** führt der Weg schließlich zurück zum Ausgangspunkt, wobei ein kulinarischer Abstecher ins Venissa-Imperium unabdingbar ist.

Auf dem Steinmäuerchen im Klostergarten von **Santa Caterina** sonnen sich Smaragdeidechsen, die flink in den Mauerritzen verschwinden, als ich mich zwischen ihnen niederlasse. Die Nase der steinernen Madonna von Paludo ist abgeschlagen wie die der Sphinx in Gizeh. Das Innere der Kirche liegt im Halbdunkel, die Stille scheint fast greifbar. Als die älteste Glocke Venedigs zur vollen Stunde schlägt, stelle ich mir vor, wie dieser ganz bestimmte Ton schon vor 700 Jahren die Gottesdienerinnen zum Gebet gerufen hat, die hier in vollkommener Abgeschiedenheit, weit weg vom lasterhaften Leben der Serenissima, den strengen Regeln des Konvents unterworfen waren.

Kulinarische und vinophile Höhenflüge mit Blick auf die eigenwilligen Bauten des Architekten Carlo Scarpa.

TONSPUR VENEDIG

Mazzorbo, Burano und Torcello

Für die besinnlichen Spaziergänge auf Mazzorbo und Burano sowie für den Tagesausklang auf Torcello krame ich eine akustische Hommage „Just after Sunset. The Poetry of Rainer Maria Rilke" (1998) der altgedienten Elektronikpoetin **Anne Clark** aus meiner digitalen Playlist. Titel wie „Autumn Day" oder „Sehnsucht" bedürfen keiner näheren Erläuterung und eignen sich besonders für den Spaziergang entlang der Strada del Cimitero oder durch die Marschen von Torcello.

VENEDIG SCHMECKEN

Venissa und der Lagunenwein

Unmittelbar an der Bootsanlegestelle Mazzorbos befindet sich das mit einem Michelin-Stern prämierte **Ristorante „Venissa"**. Hier wird untertags ein viergängiges Überraschungsmenü serviert, das durch originelle Zubereitungsmethoden und die Frische der verwendeten Zutaten die Geschmacksknospen zum Jubilieren bringt. Ich durfte mich an *Lasagne alle erbe del nostro orto* (Lasagne mit Kräutern aus dem hauseigenen Kräutergarten), *Sarde in saor sempre croccanti in saor di lamponi* (Auf den Punkt gegarte knusprige Sardine in einer erfrischenden Himbeer-Balsamico-Reduktion), *Guazzetto di molluschi e crostacei dell'alto adriatico e dragoncello* (Eintopf mit Weich- und Krebstieren aus der oberen Adria mit Estragon) sowie einer dekonstruierten Tiramisu-Eiscreme erfreuen. Bei der flaschen- und glasweisen Weinauswahl finden sich sorgsam ausgesuchte Produzenten aus der näheren Umgebung neben ganz großen Etiketten für besondere Anlässe. Das durchwegs junge Service- und Küchenteam überzeugt mit den aufwendig modern interpretierten Lagunengerichten auf der ganzen Linie.

Im hauseigenen Ableger **„Osteria Contemporanea"** nebenan hat der Gast die Qual der Wahl aus 200 verschiedenen Weinen aus den Regionen Venezia Euganea, Venezia Giulia und Venezia Tridentina. Auf der Karte finden sich saisonale Gemüsegerichte und Fischiges aus der Lagune.

Der Gastgarten der Osteria befindet sich direkt im **Weingarten**, in dem man sich der Revitalisierung der alten Lagunenrebsorte **Dorana** hingibt. Das rare, wohlschmeckende Endresultat, abgefüllt in edel designte Flaschen, kann glasweise im Lokal verkostet werden. Die Trauben für die hauseigene Rotwein-Cuvée, Cabernet Sauvignon und Syrah, stammen von der nördlich von Torcello gelegenen Isola Santa Catarina, die man, bei passender Geldbörse, in Bausch und Bogen inklusive eines paradiesischen Luxusdomizils wochenweise mieten kann.

Venissa, Fondamenta di Santa Caterina 3, 30142 Mazzorbo,
+39 041 527 228 1, www.venissa.it

BURANO
Ein Hauch von Haight Ashbury, eine Kuriositätensammlung und die besten *Frittelle* der Insel

Die mit **bunten Häusern** besiedelte Insel Burano, deren Bewohner sich bis vor wenigen Jahren entweder mit Fischfang oder mit dem kunstvollen Sticken der **berühmten Buranospitze** ihren Lebensunterhalt verdienten, kämpft mit einem ähnlichen Imageproblem wie die Glasbläserinsel Murano. Zwar gibt es auf Burano noch einige wenige Betriebe, in denen die originale Spitze gestickt wird, doch wie auch bei den Glasartefakten in Murano wird der Markt mittlerweile von Billigimitaten aus Asien überschwemmt. Trotzdem bleibt die Insel mit ihren pittoresken Häusern und eigenwilligen Bewohnern ein beliebtes Ausflugsziel, an dem es immer wieder etwas Neues zu entdecken gibt. Ein Stadtplan ist aufgrund der Überschaubarkeit der Insel nicht notwendig. Burano erschließt sich dem Besucher, der sich ohne festes Ziel entlang der Kanäle durch die schmucken *Campi* und *Calli* treiben lässt, und bei Bedarf helfen die netten Einwohner gerne weiter.

In der „Pasticceria Garbo“ fülle ich meine Tasche mit lauwarmen Krapfen und erfrage beim Bezahlen den kürzesten Weg zur Casa di Bepi. Nachdem der freundliche Inhaber mir die Route erklärt hat, packt mich vor der Bäckerei eine betagte Dame, die mein Begehr nach dem richtigen Weg mitbekommen hat, unvermittelt am Handgelenk und lässt es sich nicht nehmen, mich persönlich zum Haus des Filmvorführers zu bringen. So marschiere ich folgsam an der Hand der zerbrechlich wirkenden Seniorin, die ich um Haupteslänge überrage, zu meinem Ziel, während sie in ihren Kindheitserinnerungen kramt und von den Trickfilmabenden vor der Casa di Bepi erzählt.

VENEDIG SCHMECKEN

Panificio Pasticceria Garbo: Der Duft frittierter Krapfen

Ein Burano-Besuch ohne Abstecher in diese von außen so unscheinbar wirkende Pasticceria geht gar nicht. Der hinter dem Tresen stehende herzliche Besitzer hat das Pensionsalter bereits seit einigen Jahren überschritten. Ich hoffe, er wird Burano noch viele Jahre mit seinen köstlichen *Dolci* beglücken! Hier wird die Tradition venezianischer Backkunst zwischen duftendem *Strudel di Mele,* zarter *Spumiglie* und buttrigen *Buranelli* hochgehalten. Leckermäuler können sich blind durch das ganze Sortiment der angebotenen Backwaren kosten, insbesondere wenn sie gerade frisch aus der angeschlossenen Backstube ofenwarm in den Mund wandern. Hier gibt es die besten *Frittelle* Buranos, wenn nicht sogar von ganz Venedig, die hier schlicht als *Veneziane* auf ihren Verzehr warten.

Panificio Pasticceria Garbo, Fondamenta degli Assassini 335, 30142 Burano, +39 041 730 258, keine Website

Nur der Ruderschlag eines vorbeigleitenden Zweimannbootes kräuselt für einige Augenblicke die Oberfläche der spiegelglatten Kanäle der Spitzeninsel.

Hier vor dem „buntesten" Haus Buranos fanden einst die legendären Filmabende des „Bepi Suà" unter dem Sternenhimmel der Lagune statt.

VENEZIANISCHE GESCHICHTEN

Das war Spitze

Gegenüber der Chiesa di San Martino Vescovo mit ihrem windschiefen Campanile befindet sich das Spitzenmuseum von Burano, das ausführlich die Geschichte der venezianischen Spitze mit zahlreichen Exponaten erzählt. In der im selben Gebäude bis 1970 betriebenen Spitzenschule sieht man heute (meist älteren) Damen beim kunstvollen Schausticken zu.

Museo del Merletto, Piazza Baldassarre Galuppi 187, 30142 Burano, +39 041 730 034, www.museomerletto.visitmuve.it

In einem der kleinen Hinterhöfe hinter der Via Baldassarre Galuppi befindet sich in der Corte del Pistor 275 das allerbunteste Haus Buranos, die **Casa di Bepi** des 1920 auf Burano geborenen Malers, Filmvorführers und Süßigkeitenverkäufers Giuseppe Toselli. Er war den Bewohnern besser unter seinem Spitznamen „Bepi Suà" (der verschwitzte Bepi) bekannt. Als das Kino Favin, in dem Bepi als Haustechniker beschäftigt war, seine Pforten schloss, erbte er den händisch betriebenen Filmvorführapparat, den er fortan an warmen Sommerabenden für vor allem bei Kindern beliebte Filmvorführungen auf dem kleinen Hof vor seinem Haus benutzte. Als Leinwand diente ein an der Fassade seines bunt bemalten Hauses angebrachtes Leintuch. Die Stühle wurden von den Zuschauern selbst mitgebracht. Bis zu seinem Tod im Jahr 2002 konnte man Bepi fast täglich beobachten, wie er auf einem Stuhl sitzend sorgfältig neue grellbunte kaleidoskopartige, psychedelische Muster auf die Fassade seines Hauses pinselte. Kaum jemand weiß, dass Bepi hier bis unter die Decke alte Projektoren, Fernseher und allerlei technisches Gerät hortete.

Obwohl der aktuelle Besitzer die Fassade im Gedenken an den Vorbesitzer erhielt und weiter veredelte, interessierten sich über lange Jahre nur wenige für **das bunteste Haus Buranos**. Erst in den letzten Jahren avancierte die buranesische Version der hippiesken Haight-Ashbury-Ästhetik zu einem Pilgerort vieler Inselbesucher und die Casa di Bepi ist mittlerweile sogar am Kiosk als Postkartenmotiv erhältlich.

Am östlichsten Zipfel der Insel liegt in der Via Terranova 79 ein weiteres Haus mit künstlerischer Geschichte: jenes des 2005 verstorbenen Skulpturenkünstlers und Sammlers **Remigio Barbaro,** auch „Il Professore" genannt. Ein aus dem Sonnengesang des heiligen Franz von Assisi entnommener Spruch, „Gelobt seist du, mein Herr, mit all deinen Geschöpfen", zieht sich entlang der steinernen Umfriedung und inmitten des üppig begrünten Gartens erfreuen färbige Glasballons, Büsten und Skulpturen das Auge des Betrachters. Von Barbaro stammen die Statue des heimischen Komponisten Baldassare Galuppi sowie die weibliche „Attesa di Pace"-Skulptur direkt an der Bootsanlegestelle. Weitere Werke sind auf dem Lido, Mazzorbo, San Francesco del Deserto, Torcello, San Marco und Mestre quer über die ganze Lagune verstreut zu finden. Momentan befindet sich das seit dem Tod des Professors verwaiste Haus in einer Übergangsphase: Die Kunstsammlung Barbaros, der wegen seines zurückhaltenden Lebensstils auch „der Einsiedler der Insel“ genannt wurde, soll in absehbarer Zeit für die Öffentlichkeit zugänglich gemacht werden.

GUT ZU WISSEN

Einkehr auf San Francesco del Deserto

Wer es ganz ruhig mag und auf der Suche nach dem **inneren Seelenfrieden** ist, der kann auf der abgelegenen Klosterinsel San Francesco del Deserto eine Einkehr auf den Spuren des heiligen Franz von Assisi buchen, der sich hier im 13. Jahrhundert aufgehalten haben soll. Die kontemplativen Kurzurlaube in dem Franziskanerkloster dauern von Dienstag bis Donnerstag bzw. von Freitag bis Sonntag (Reservierung unter +39 041 528 686 3). Der Transfer erfolgt durch einen *Padre* mit dem klostereigenen Boot. Gerade im Winter entwickelt die Stimmung eine gewisse Magie, wenn Nebelschleier durch die nördliche Lagune ziehen und die Insel von Zeit und Raum losgelöst scheint.

VENEDIG SCHMECKEN

Auf du und du mit Keith Richards und Arrigo Cipriani

Unweit des Museo del Merletto verwöhnt die in vierter Generation geführte „Trattoria da Romano" ihre illustre Gästeschar seit 1947 in den adaptierten Räumen einer ehemaligen Spitzenfabrik. Neben Robert De Niro, Keith Richards und Stanley Kubrick outet sich selbst Arrigo Cipriani, Inhaber von „Harry's Bar", als langjähriger Fan des urigen Familienbetriebs. Die Wände werden von über 450 geschenkten Bildern mehr oder weniger namhafter Künstler, die im „da Romano" verkehrten, geschmückt. Über die 26 sorgsam aufbewahrten „Giornale sull'arte"-Gästebücher, mit Eintragungen und Zeichnungen berühmter Persönlichkeiten aus Adel, Politik und Kultur, wurde sogar eine Dissertation geschrieben. Neben dem traditionellen *Risotto di Go* (Lagunenfisch), für das das „da Romano" seit Dekaden in der ganzen Lagune bekannt ist, sollte man unbedingt die *Taglioni alla Granseola* (Seespinne) probieren. Natürlich werden während der kurzen Fangsaison (siehe S. 47) auch im „Da Romana" die heiß begehrten *Moeche* angeboten.

Trattoria da Romano, Via Baldassarre Galuppi 221, 30142 Burano,
+39 041 730 030, www.daromano.it

Am Morgen und in den frühen Vormittagsstunden hat man die Insel ganz für sich allein. Die fast schon geisterhaft anmutende Stille wird erst gegen Mittag unterbrochen, wenn die Tagesbesucher von den Linienbooten ausgespuckt werden.

TORCELLO
Eine Studie in Pink, Lagunenwein im Paradiesgarten, Sternenhimmel über der Lagune

Offiziell gilt die nördlichste der venezianischen Hausinseln, die einst von bis zu 20.000 Einwohnern besiedelt war, als Wiege von Venedig. Bei meiner letzten Übernachtung lebten nur noch elf Personen auf dem Eiland, das die Grenze zur Laguna Morta bildet. Ein Aufstieg über die Innentreppen des Campaniles der Basilika **Santa Maria Assunta** lohnt sich allemal, da der massive Glockenturm nicht nur einen spektakulären Rundumblick über die nördliche Lagune, sondern auch einen Blick auf die Inseln Santa Catarina, La Cura oder Sant'Ariano bietet, auf denen prävenezianische Siedlungsreste ausgegraben wurden. Vor allem um die mit dem Boot nur schwer erreichbare Ossarium-Insel Sant'Ariano ranken sich unzählige Mythen und Sagen. Hier fanden die Gebeine der ursprünglich auf San Michele zur letzten Ruhe Gebetteten – fein säuberlich aufgeschichtet – ihre wirklich allerletzte Ruhestätte. Fischer der älteren Generation weigern sich bis heute, im Umfeld der Insel zu fischen, um die Ruhe der Toten nicht zu stören. Wer es geschafft hat, an dem schmalen, mit Knochenfragmenten und antiken Tonscherben übersäten Strand anzulanden, wird einen der friedlichsten Orte der Lagune vorfinden, auf dem die Zeit stehen geblieben zu sein scheint.

Am westlichen Ufer Torcellos, in der Nähe der Casa Museo Andrich, nistet seit einigen Saisonen ein Schwarm rosa Flamingos, von denen sich in den letzten Jahren insgesamt über 4000 in der Lagune angesiedelt haben. Zur Beobachtung der anmutigen Vögel sollte man kurz vor Sonnenuntergang über die **Fondamenta dei Borgognoni** in Richtung Westen spazieren, wenn das verblassende Licht am Horizont einen rosa Farbton annimmt, der für einige magische Momente mit dem blassrosa Gefieder der exotischen Vögel zu konkurrieren scheint. Für Ornithologen ist vor allem der Nordteil der Lagune ein Eldorado, in dem sich das ganze Jahr über rund 300 Vogelarten, darunter Kormorane, Stockenten, Reiher und Möwen, tummeln.

Dahinter beginnt die **Laguna Morta**, wo die Gezeiten nicht mehr zu spüren sind. Hier befinden sich auch die Ossarium-Insel **Sant'Ariano** und einige weitere kleine, zum Teil versunkene Eilande, wie La Cura oder Motta dei Cunicci, auf denen Reste einer Kultur zu finden sind, die sich hier lange vor der offiziellen Gründung Venedigs angesiedelt hatte.

Dick vermummt und die Kapuze tief ins Gesicht gezogen, trotze ich, an das Verdeck des Wassertaxis gelehnt, der nächtlichen Kälte. Kurs in Richtung Venedig auf die Fondamenta Nove. Der sichelförmige Mond und unzählige Sterne erleuchten den fast wolkenlosen Himmel. Das Wasser scheint undurchdringlich wie schwarzes Glas. Auf den Wellen tanzen vereinzelt Nebelschwaden. Erst kurz vor der Nordseite Muranos begegnet uns das erste Boot, das mit überhöhtem Tempo und aus überdimensionalen Boxen dröhnendem Metallica-Gitarrenriff „Wherever I may roam" den Fahrweg beschallt. Beim Kreuzen der Kielwellen spritzt mir eiskalte Gischt ins Gesicht. Die nächtliche Lagune übt ihren hypnotischen Zauber auf mich aus. Ich fühle mich so lebendig wie schon lange nicht mehr: „*Rover, Wanderer, Nomad, Vagabond, call me what you will …*"

Ganze elf Bewohner leben zurzeit auf Torcello, der offiziellen Wiege Venedigs.

VENEDIG SCHMECKEN

Paradiesische Ausblicke

Zu den legendären Gerichten, die man als Venedig-Liebhaber zumindest einmal in seinem Leben probiert haben soll, zählen das originale, im Hause Cipriani erfundene *Carpaccio* oder die *Zuppa di pesce alla Cipriani.* Bei dem mit saisonalem Gemüse zubereiteten *Risotto Torcellana* handelt es sich um eine nur auf Torcello servierte Inselspezialität. Im Oktober und November werden außerdem auch hier *Moeche* mit in Backteig frittierten Zucchiniblüten serviert. Alternativ werden die schmackhaften Blüten auch mit Königskrabben gefüllt angeboten. Die mit Pasticceria-Creme veredelten *Crespelle* werden spektakulär bei Tisch flambiert.

Wer nach dem stilechten Tagesausklang in der „Locanda Cipriani" den Nachhauseweg scheut, dem steht eines der fünf Locanda-Zimmer für die Übernachtung zur Verfügung. Man kann aber auch problemlos rund um die Uhr mit der Linea Notte zurückschippern. Bei sternenklarem Himmel bietet sich alternativ eine Rückfahrt mit dem Wassertaxi an. Im Jänner ist allerdings geschlossen.

Locanda Cipriani, Piazza Santa Fosca 29, 30142 Torcello,
+39 041 730 150, www.locandacipriani.com

VENEDIG SCHMECKEN

Die Aromen Venedigs in einem Glas vereint
Mit Blick in den hauseigenen Paradiesgarten, der untertags als Gastgarten dient, sowie auf die Basilika Santa Maria Assunta, hat man in der „Locanda Cipriani" die Möglichkeit, den seltenen Lagunenwein **„Orto di Venezia"** zu verkosten. Vinifiziert vom französischen Lagunenwein-Pionier Michel Thoulouze ist dieser Tropfen eine Entdeckung für Weinliebhaber. Ein Besuch des Weinguts ist nach telefonischer Anmeldung möglich.
Orto di Venezia, Via de le Motte 1, 30141 Sant'Erasmo,
+39 348 872 750 0, www.ortodivenezia.com

Auf der verwunschenen Ossarium-Insel Sant'Ariano, die nur mit dem Privatboot zu erreichen ist, finden seit Jahrhunderten die Gebeine aus den aufgelassenen Gräbern der Friedhofsinsel San Michele ihre allerletzte Ruhestätte.

Die Wartezeit auf das Boot der Linea Notte vergeht wie im Flug unter dem prächtigen Nachthimmel von Torcello.

ORTE ZUM AUFWÄRMEN, Atemholen und Staunen

Wer genug frische Luft geschnappt hat und ein warmes Plätzchen abseits von Shopping oder Kulinarik sucht, ist mit dem Angebot an herausragenden Museen bestens bedient. Die Häuser der Lagunenstadt halten dem internationalen Vergleich durchaus stand. Architektur, Museumspädagogik und Exponate lassen einen mit offenem Mund durch die Säle schreiten. Achtung: Die Uhren ticken hier anders, die Zeit verfliegt!

Museo Correr: Sisis Schlafzimmer, der Ursprung der Plateauschuhe und Venedigs schönster historischer Stadtplan

Erst vor Kurzem wurden die Restaurierungsarbeiten für den lange Jahre gesperrten Trakt beendet, in dem **Kaiserin Elisabeth** (1827–1898) ab 1856 ihr Haupt zur Ruhe bettete. Zwar ging das originale Rokoko-Himmelbett der exzentrischen Habsburgerin im Laufe der Geschichte verloren, doch haben die Kuratoren einen vollwertigen königlichen Bettersatz gefunden. Es handelt sich um die Ruhestätte von **Eugène Beauharnais** (1781–1824), seines Zeichens Vizekönig und Stiefsohn Napoleons. Der Blick von den kaiserlichen Schlafgemächern über die **Giardini Reali** (siehe S. 101) und über das **Bacino San Marco** ist märchenhaft und lohnt allein deswegen schon den Eintritt. Für Schuhfetischisten sind in mehreren Schaukästen teils surreal hohe, aus Holz geschnitzte **Furlane** ausgestellt, die den Modetrend der klobigen Plateauschuhe der 1970er Jahre vorwegnehmen.

Weiters zeigt das **Museo Correr** eine historisch interessante Dauerausstellung über das **Konzil von Trient** (zwischen 1545 und 1563) und den tapferen Mönch und Staatsmann **Paolo Sarpi** (1552–1623), der in Venedig mehrere Attentate päpstlich gedungener Meuchelmörder überlebte. Außerdem ist im Museo Correr der originale Druckstock sowie die detaillierte, aus der Vogelperspektive gezeichnete Stadtansicht Venedigs von **Jacopo de' Barbari** aus dem 15. Jahrhundert zu sehen. Gleich neben dem Eingang findet sich der Buchshop des Museums, in dem selbst Venedig-Profis immer wieder **neue literarische Schätze** entdecken können. Aus den Fenstern des Museums kann man das Treiben auf der Piazza San Marco stressfrei von oben beobachten.

TONSPUR VENEDIG

Piazza-San-Marco-Soundtrack:
„Wagner E Venezia Caine", Uri Ensemble, 1997. Richard Wagners wehmütigste Melodien interpretiert vom Ensemble des Gran Caffè „Quadri" (siehe S. 127) unter der Leitung von Uri Caine. Glockenschlag vom benachbarten Campanile inklusive.

Insgesamt acht Monate weilte die Kaiserin Elisabeth in der Lagunenstadt. Trotz ihres gespaltenen Verhältnisses zu den stolzen Venezianern war sie der Schönheit Venedigs verfallen. In diesem prunkvollen Raum bettete sie ihr kaiserliches Haupt zur Ruhe.

Museo di Storia Naturale: King Kong trifft auf den „Ligabue"-Godzilla

Welches Museum kann schon mit einem Direktor aufwarten, der in der Ténéré-Wüste, der Wüste aller Wüsten, unterwegs war, der nicht nur an unzähligen Expeditionen in die entlegensten Winkel der Erde teilgenommen hat und nach dem sogar ein von ihm entdeckter Dinosaurier benannt wurde? Das Skelett ist übrigens in der Ausstellung zu bewundern. Das nach dem Forscher und Weltenbummler **Giancarlo Ligabue** (1931–2015) benannte Museum in den Räumen des **Fontego dei Turchi** mit Blick auf den Canal Grande (auf der gegenüberliegenden Seite befindet sich übrigens die **Chiesa di San Marcuola** mit dem Grabstein des venezianischen Komponisten Johann Adolf Hasse) zählt zu den absoluten Highlights der venezianischen Museumslandschaft. Das vom Architekten Lorenzo Greppi aufwendig modernisierte Haus bietet neben seiner raffinierten Ausleuchtung und den stimmigen Soundtracks der einzelnen Abteilungen ein ungeahntes Sammelsurium von exotischen Meerestieren und Tiefseemonstern, in Regenbogenfarben schillernden Insektensammlungen und unzähligen Dokumenten und Artefakten aus der geologischen Geschichte der venezianischen Lagune.

Einer der Höhepunkte dieses Museums ist die im staubig-düsteren Retrostil gestaltete Abteilung der venezianischen Afrikareisenden, die wie ein Großwildjäger-Trophäensaal aus längst vergangener Zeit wirkt. Riesenschlangen, Elefantenrüssel, zweiköpfige Rehe und ein ausgestopfter Gorilla in *King-Kong-Size* zeugen von den Reisen der venezianischen Entdecker Giovanni Miani, Giuseppe Reali und Giancarlo Ligabue. Ein Museum mit einer großartig kuratierten Sammlung, in dem man sich bei Schlechtwetter für Tage verlieren kann.

TONSPUR VENEDIG

Exotische Sounds machen Lust auf unentdeckte Welten: „Duality", Pieter Bourke und Lisa Gerrard, 1998

Museo Storico Navale: Futter für die Paparazzi, *Duri bianchi* und ein märchenhafter Bucintoro

Mit einer kunstvoll verzierten *Gondola*, die auf den Namen *Le Cascade* (Wasserfall) getauft wurde, ließ sich die exzentrische Kunstsammlerin Peggy Guggenheim mit ihren Hunden durch die Stadt chauffieren und sorgte so immer wieder für Gesprächsstoff bei der venezianischen Bevölkerung und für Paparazzi-Fotos, die rund um die Welt gingen. 1979 vermachte Peggy Guggenheim die letzte Privat-*Gondola* Venedigs, die noch aus dem Hause der Veniers stammte, dem **Museo Storico Navale**, wo man sie heute in ihrer ganzen Pracht bewundern kann. Stockwerk für Stockwerk arbeiten sich die Besucher durch die Geschichte der Serenissima-Seefahrt, wobei der Ausblick auf das vor dem Museum gelegene **Bacino San Marco** mit jeder Etage prächtiger erscheint. Ein bis ins kleinste Detail geschnitztes Modell einer Rudergaleere inklusive Mannschaft vermittelt einen ungefähren Eindruck, wie sich der Befehl *Duri bianchi* (siehe S. 145) auf die Besatzung ausgewirkt haben muss.

TONSPUR VENEDIG

Subtil-akustischer Wellenbrechen:
„Eye of the Hunter",
Brendan Perry, 1999.

Im hinteren Teil des Museums, der durch einen separaten Eingang betreten werden kann, steht die prächtige 1:1-Nachbildung eines **Bucintoros**. Auf diesem Staatsschiff vermählte sich der jeweilige Doge alljährlich symbolisch mit dem Meer. Exotische Segelschiffe, pfeilschnelle Rennboote, ein begehbares U-Boot und sogar ein für den italienischen König umgebautes Präsentationswasserfahrzeug gibt es hier für nautisch Interessierte zu entdecken. Der Gratisblick durch die Museumsfenster in die ehemaligen Werften des benachbarten Arsenale ist inklusive.

VENEDIG SCHMECKEN

Belohnung nach Museumsbesuch
Der namensgebende Patron Piero Chiusso ist Meister und Mentor in Sachen venezianischer Backkunst, worauf eine Auszeichnung bereits im Schaufenster der Pasticceria hinweist. Deliziöse Torten, exquisite *Cannoli* und im Mund schmelzende *Frittelle* mit *Pignoli, Zabaione* oder *Creme Chantilly. Caffè* und *Cornetti* können auch unter der Pergola vor dem Lokal genossen werden. Pflichtbesuch, wenn man in der Nähe der **Chiesa San Giorgio dei Greci** flaniert.
Pasticceria Chiusso, Salizzada dei Greci 3306, 30122 Castello,
+39 041 523 161 1, keine Website

Forte Marghera: Kunst abseits des Kommerzes, ein Lost Place und viele Katzen
Da in Venedig aufgrund der rasant steigenden Mieten Raum für künstlerisches Schaffen nicht mehr leistbar ist, haben sich in den letzten Jahren verschiedenste künstlerisch-kreative Köpfe in der Anlage des ehemaligen **Forte Marghera** eine neue Heimat gesucht. Hier auf dem Festland handelt es sich um eine neu erschlossene Gegend, die sich gerade im Umbruch befindet. Neben den von Künstlern genutzten Räumen hat sich auf dem Areal eine kleine Gastromeile angesiedelt, die mit äußerst günstigen Preisen für Speis und Trank punkten kann. Mittlerweile hat auch die Kunstbiennale das Areal für sich entdeckt und bespielt einige der Pavillons. An der Wasserfront vor dem verlassenen Forte-Komplex, dem Herzstück des von kleinen Kanälen durchzogenen Parks, beschallt eine Lounge-Bar die Lagune mit dezenter House-Musik. Wahrscheinlich wird der momentan noch freie Kunstraum in der Anlage um das ehemalige Forte, das bis vor Kurzem die Außenseiter und Randfiguren Mestres inklusive Prostitution und Drogenszene anzog, in absehbarer Zeit ebenfalls von der Kommerzialisierung entdeckt werden. Bis jetzt schaffen die Betreiber auf dem Gelände aber noch die Gratwanderung zwischen Kunst und Vereinnahmung. Gerade in den Wintermonaten herrscht hier ein besonderes Flair. Die Parkanlage verführt zu ausgiebigen Spaziergängen in der Wintersonne.

Im Areal des Forte Marghera herrscht noch ein Hauch von Freiheit abseits der Touristenströme und für **Lost-Places-Freunde** lohnt sich ein Blick in die **verlassene Befestigungsanlage** mit ihren gewundenen Doppeltreppen und den endlos langen Gängen. Betreten auf eigene Gefahr! Das Bootsmuseum, das nie in Betrieb genommen wurde, gleicht eher einem Bootsfriedhof.

TONSPUR VENEDIG

Das stimmungsvollste Album eines tragischen Künstlers, der seiner Zeit weit voraus war. Kommerzieller Zuspruch wurde Nick Drake erst posthum zuteil: „Bryter Layter", 1970.

Für alle Katzenliebhaber, die in den letzten Jahren ob der abstrusen Magistratsverordnungen die kuscheligen Vierbeiner in den *Calli* und *Campi* vergeblich suchten, gibt es eine gute Nachricht. Im Forte Marghera hat sich auch der Verein **I mici del forte** (Die Miezekatzen des Forts) angesiedelt, der sich der verlassenen Katzen angenommen hat, denen man hier auf Schritt und Tritt begegnet. Die schnurrenden Haustiger werden von Freiwilligen mit Futter versorgt. Wer also Lust auf eine Portion „Streicheleinheiten geben und nehmen" hat, wird hier bestens bedient.

GUT ZU WISSEN

!

Museo di Storia Naturale di Venezia Giancarlo Ligabue
Salizida del Fontego dei Turchi 1730, 30135 Santa Croce, +39 041 270 03 03, www.msn.visitmuve.it

Museo Storico Navale
Riva San Biasio 2148, 30122 Castello, +39 041 244 139 9, www.marina.difensa.it

Museo Correr
Piazza San Marco 52, 30124 San Marco, +39 041 240 521 1, www.correr.visitmuve.it

Areal Forte Marghera, zu erreichen mit dem Pendelzug vom Bahnhof Santa Lucia bis Mestre. Vom Bahnhof Mestre fährt der Bus der Linie 15 fast bis vor das Hauptportal.
Via Forte Marghera 30, 30173 Mestre, +39 041 274 425 2, www.fondazionefortemarghera.it

DIE STADT **DER LABYRINTHE**

VON MORGENDLICHEN AUSBLICKEN AUF DIE WINTERLICHE LAGUNE, DER ERRETTUNG AUS DEN „TIEFEN" DER KATAKOMBEN DURCH UMBERTO ECO UND LITERARISCHEN IRR-WEGEN IN DER SERENISSIMA

Zwei Dinge gibt es in Venedig, die ich bei jedem Besuch zwanghaft berühren muss. Das eine ist der mysteriöse, sagenumwobene **Petrusstuhl** in der **Basilika San Pietro,** dessen magische Aura mich immer wieder aufs Neue in ihren Bann zieht und der eines der vielen ungelösten Rätsel Venedigs birgt.

Das zweite ist der „Todesengel“, der seit meinem ersten Besuch immer wieder eine ganz eigene Faszination auf mich ausübt und nach einer heimlichen Berührung schreit. Die von mir als „Todesengel“ titulierte Figur befand sich für Jahrhunderte auf dem Dach der **Basilika von San Giorgio Maggiore** und wacht heute am Ende des zum Campanile führenden Ganges der Kirche. Mit einer einfachen Berührung lässt sich hier die Geschichte der Stadt erfühlen: Alle eisigen Windstöße, die sengende Hitze der Sommersonne, Feuer, Unwetter, die über der Serenissima tobten, Pulverdampf, der in den vorgelagerten Castelli abgefeuerten Kanonen – all das wurde von der geschwärzten Oberfläche absorbiert.

BUONGIORNO SAN GIORGIO
Der schönste Rundumblick auf die winterliche Lagune

Es gibt kaum einen schöneren Ort als die Spitze des Campanile von San Giorgio Maggiore, um den Tag über der venezianischen Lagune zu begrüßen. Vor allem im Winter, wenn aufgrund der klaren Luft die schneebedeckten Alpen in fast greifbare Nähe rücken, geraten die Seele und das Herz eines jeden Venedig-Liebhabers in Verzückung. Vor allem die überschaubare Besucheranzahl ermöglicht einen weit beschaulicheren, umfassenderen und vielschichtigeren Blick auf die Lagune als vom vis-à-vis befindlichen Campanile auf der Piazza San Marco. Einzig zur vollen Stunde sei Obacht geboten, wenn der Glockenstuhl sein dezibelstarkes Lied über das Bacino San Marco erklingen und die Stadt erwachen lässt.

Die ersten Strahlen des beginnenden Tages zeigen den sonst viel befahrenen Canale della Giudecca fast verwaist.

DAS „LABIRINTO BORGES“ im Schatten des Klosters von San Giorgio Maggiore

„Unsere schöne Pflicht ist es,
uns vorzustellen, dass es ein Labyrinth und einen Faden gibt.
Den Faden werden wir nie finden.“
Jorge Luis Borges

Stellen Sie sich einen britischen Geheimagenten und Diplomaten im Ruhestand vor, der sich die erstaunlichsten Labyrinthe ausdenkt und nach einem Albtraum, in dem seine Inspirationsquelle – ein blinder, argentinischer Schriftsteller – verstirbt, einen einzigartigen Irrgarten für Nichtsehende entwirft. Über diese abenteuerlich klingenden Ingredienzen verfügt die Entstehungsgeschichte des „Labirinto Borges“ von Gilbert Randoll Coate.

Am 14. Juni 2011, zum 25. Todestag des argentinischen Schriftstellers und Philosophen **Jorge Louis Borges** (1899–1986), wurde an der östlichen Klostermauer des Benediktinerklosters auf San Giorgio Maggiore das „Labirinto Borges“ der Öffentlichkeit zugänglich gemacht. In mühseliger Handarbeit wurden 3500 Setzlinge des europäischen Buchsbaums in schwimmende Betonwannen gesetzt. Genaugenommen handelt es sich „nur“ um einen Nachbau: Das originale Borges-Labyrinth auf „Los Alamos“, dem argentinischen Gut, Künstlertreff und Geburtshaus der Schriftstellerin Susana Bombal, existiert bereits seit dem Jahr 2003.

Der **mystische Irrgarten** auf San Giorgio Maggiore ist in der Form eines offenen Buches gestaltet, wobei der Name „Borges“ aus dem Muster der gesetzten Pflanze in normaler und in Spiegelschrift herauszulesen ist. Der Vorreiter des lateinamerikanischen „Magischen Realismus“ erblindete mit 50 Jahren vollständig, was ihn aber weder von seiner schriftstellerischen Tätigkeit abhalten konnte, noch seine Faszination für die verwinkelte Topografie Venedigs, die er nun mit seinem Spazierstock ertastete, schmälerte. Wer heute das „Labirinto“ vom Campanile San Giorgio aus betrachtet, wird neben den Initialen seiner Frau, dem Spazierstock des blinden Meisters und einer Sanduhr, die die Unendlichkeit symbolisieren soll, auch die Zahl 86 entdecken. Bei Letzterem handelt es sich um die Anzahl der Lebensjahre, die Jorge Luis Borges in einer unserer Welten (hoffentlich nicht aller) beschieden waren.

Blick aus dem Labirinto Borges auf das Konvent von San Giorgio Maggiore, aus dem der mehrstimmige Gesang der Klosterbrüder über die Insel zu schweben scheint.

DIE KULTURINSTITUTION
auf der Klosterinsel

Bereits seit Anfang des 20. Jahrhunderts residierte der kulturinteressierte **Conte Vittorio Cini** im Palazzo Loredan Cini auf dem Canal Grande bei San Vio. In den 1950er Jahren begann er den stark vernachlässigten Klosterkomplex auf San Giorgio Maggiore zu renovieren. In weiterer Folge ließ er auf der Insel ein Marine-Center und ein Freilufttheater errichten. Die von ihm auf der Klosterinsel installierte Kulturstiftung **Fondazione Giorgio Cini** ist seit den 1950er Jahren bis zum heutigen Tag eine der aktivsten der Stadt. Forschende haben auch die Möglichkeit, in über 160.000 Bände der Inselbibliothek Einsicht zu nehmen. Dabei ist es nur einer Aneinanderreihung glücklicher und tragischer Umstände zu verdanken, dass die für das kulturelle Leben Venedigs so bedeutende Cini-Stiftung überhaupt das Licht der Welt erblickte. Conte Vittorio Cini wurde in den Kriegsjahren des Zweiten Weltkriegs von den Nationalsozialisten nach Dachau deportiert. Seinem Sohn Giorgio gelang es, ihn mit einer astronomisch hohen Summe freizukaufen und so vor dem sicheren Tod zu retten. Das Bestechungsgeld für dieses Unterfangen lukrierte er durch den Verkauf der Juwelen seiner Mutter, der landesweit verehrten Theater- und Stummfilmdarstellerin **Lyda Borelli** (1887–1959). Die Diva feierte in einer Hauptrolle in einem Stück von Gabriele D'Annunzio (siehe S. 104) große Erfolge und schon bald war sie so bekannt, dass sogar Neologismen wie *borellismo* oder *borelleggiare* in den Sprachschatz der Italiener Einzug hielten. Die Fondazione Cini ist nach Vittorio Cinis Sohn Giorgio benannt, der bei einem Flugzeugunglück ums Leben kam. Jorge Luis Borges Witwe Maria Kodama ist im Vorstand der Cini-Stiftung tätig.

GUT ZU WISSEN

FAQ zur Klosterinsel
Anfahrt nach San Giorgio Maggiore mit dem Vaporetto, Linien 2, 4.1, 4.2.

Öffnungszeiten der Basilika von Oktober bis April: Montag bis Samstag 9.30–12.30 Uhr und von 14.30–17.00 Uhr.

Über Öffnungszeiten, Führungen und themenbezogene Ausstellungen der auf der Insel ansässigen **Fondazione Giorgio Cini** informiert die Homepage www.cini.it ausführlich.

Eine noch etwas verschlafen dreinblickende junge Dame und meine nicht minder müde Wenigkeit sind die einzigen Seelen, die das Linienboot auf San Giorgio Maggiore verlassen. Die junge Dame entschwindet durch das Kirchenportal, und bis man mich in den Glockenstuhl des Campaniles lässt, flaniere ich noch über den Kai, entlang des „Labirinto Borges" zu dem privaten Hafen auf der Rückseite der Insel. Ein kleiner Segler ist gerade mit dem Einholen der Leinen beschäftigt. Die dreiköpfige, in dickes Ölzeug verpackte Crew prostet sich trotz der frühen Stunde mit einem Manöverschluck aus einer überdimensionalen Grappa-Flasche zu, bevor sie Kurs in Richtung Laguna Sud nimmt.

Auf dem Rückweg bleibe ich bei dem Labyrinth aus Buchsbaumhecken stehen und fahre mit dem geistigen Finger die verwundenen Pfade nach. Da noch niemand unterwegs ist und die geführten Rundgänge durch den Irrgarten erst in einigen Stunden beginnen, tue ich Verbotenes und klettere klammheimlich über den Zaun. Mit eingezogenem Kopf und schlechtem Gewissen, ob meiner verwerflichen Tat, erkunde ich den tausend Meter langen, verschlungenen Pfad durch das Labyrinth und finde auf Anhieb meinen Weg. Gleichzeitig mit dem Glockenschlag, der zur halben Stunde und somit zur Öffnung der Basilika läutet, gelange ich heil und unentdeckt heraus. Von der nahen Pasticceria ziehen verführerische Duftnoten frisch gebackener *Cornetti* über die Insel. Heute bin ich der erste Kunde. Den belebenden *Caffè* nehme ich stilgerecht im Stehen vor dem Lokal zu mir, bevor ich mich in Richtung Campanile aufmache. Die an der Mole vertäuten Boote knarren in der leichten Brise. Venedig riecht heute nach gerösteten Kaffeebohnen und salziger Jännerluft.

TONSPUR VENEDIG

Musikalisch Hommage durch das Labyrinth
Das Album „La misteriosa musica della Regina Loana" (2019) des bergamesischen Saxofonisten **Gianluigi Trovesi** und des piemontesischen Akkordeonspielers Gianni Coscia ist von Nostalgie und romantischer Neugier durchsetzt. Benannt ist es in Anlehnung an einen Bestseller von Umberto Eco, vor dem sich die beiden Künstler musikalisch verbeugen. Die zum Teil improvisierten, zum Teil auf Jazzstandards beruhenden Kompositionen halten die seit Sonnenaufgang in meinem Bauch vor Aufregung flatternden Schmetterlinge etwas in Zaum.

Auf dem Landungssteg der kleinen Marina liegt ein vom Wasser aufgeweichtes Logbuch. Die schwarze Tinte ist verlaufen und die Seiten haften aneinander. Auf der letzten Seite befindet sich eine Zeichnung aus Kinderhand, die einen Zweimaster mit vier Personen darstellt. Sie alle haben einen Grinsemund und heben die Hand zum Gruß.

GAUDETE!
Oder wie mich Umberto Eco aus dem Knochenlabyrinth errettete

„Es gibt Tiefen in dieser Stadt, von denen die Menschen nichts ahnen, bodenlose Abgründe, über die wir lachend hingehen. Das ist vielleicht eine von Venedigs verborgenen Wirklichkeiten."
Moebius (Jean Giraud)

Viele Venedig-Besucher verbringen ihre letzten Minuten in der Lagunenstadt auf den ausladenden Stufen der eher unscheinbaren **Chiesa di San Simeone e Giuda** am Fuße der Ponte degli Scalzi, bevor sie ihren Zug in Richtung Heimat besteigen. In das Innere verirren sich nur die Wenigsten, es sei denn, sie suchen Schutz vor Regen und Kälte.

Unter dem Fußboden des auf einem erhöhten Sockel erbauten Kirchenschiffs ist eine Begräbnisstätte zu finden, die die Bodengräber in dem darüber befindlichen Kirchenschiff ersetzt. Vom achteckigen Zentralraum, in dem sich ein steinerner Altar befindet, zweigen vier Katakomben ab. Die Wände der Katakomben sind mit Darstellungen des Jüngsten Gerichts, Kreuzwegstationen und Skeletten bemalt, die trotz oder gerade wegen des schlechten Zustands, in dem sie sich befinden, selbst bei voller Beleuchtung gruselig wirken.

GUT ZU WISSEN

Chiesa dei Santi Simeone e Giuda
Sonntagsmesse um 11 Uhr, Beichte auf Italienisch, Französisch oder Englisch möglich. Montag bis Samstag Abendmesse um 18.30 Uhr.

Meine Elektronik und ich sind am Ende. Todmüde sinke ich auf einen der Stühle unmittelbar neben einem Heizstrahler im Kirchenschiff der Chiesa dei Santi Simeone e Giuda. Hierhin habe ich mich geflüchtet, nachdem ich mir die Nacht mit einem Fotoshooting um die Ohren geschlagen habe. Die Akkus meiner Fotoapparate sind nahezu zur Gänze aufgebraucht und auch der Saft meines Handys ist kurz vor dem Versiegen. Seit den frühen Morgenstunden warnen Sirenenklänge über den Dächern der Stadt vor einem herannahenden Hochwasser und der daraus resultierenden Einstellung des Linienbootsverkehrs für die nächsten Stunden.

Heute ist der dritte Adventsonntag, der auch Rosensonntag oder Gaudete-Adventsonntag (*gaudete*, lat. Imperativ Plural: erfreuet euch) genannt wird. An diesem Tag wird nach dem liturgischen Kalender das Fasten unterbrochen und als Zeichen der Freude eine rosa Kerze auf dem Adventkranz entzündet. Gegen Ende des in Latein gehaltenen Gottesdienstes zwinge ich mich und mein Equipment, die letzten Kräfte zu mobilisieren, und frage den Mesner, ob es möglich wäre, die Krypta der Kirche zu besuchen. Gegen

Vom erhöhten Kirchenschiff der Chiesa dei Santi Simeone e Giuda hinab in die mystischen Katakomben.

Das allerletzte Bild, bevor ich mich in absoluter Dunkelheit verliere. Dank der „Rechten-Hand-Regel" finde ich schließlich wieder aus dem feuchten Labyrinth heraus.

einen kleinen Obolus für die Kirchengemeinde zeigt er mir die Stufen, die hinab zur Krypta führen. Dabei weist er darauf hin, dass wegen des Hochwassers die Beleuchtung seit mehreren Wochen defekt sei. Eine halbe Stunde habe ich Zeit, die Krypta auf eigene Faust zu erkunden. Schon beim Beschreiten der steinernen Stufen fühle ich mich wie in Edgar Allan Poes Erzählung „Das Fass Amontillado" (1846), in der der Erzähler seinen Erzfeind zur Zeit des venezianischen Karnevals mit einer List in einen Keller lockt, um ihn dort lebendig einzumauern.

Jeder Venedig-Kenner wird spätestens bei dem Wort „Keller" stutzig. Venedig ist auf Wasser gebaut und Keller gibt es hier nicht. Keinen einzigen. Glauben Sie mir, ich bin schon seit Jahrzehnten auf der Suche und noch immer nicht fündig geworden. Der Sockel, auf dem die Kirche gebaut ist, vermittelt mir das Gefühl, mich unter dem Wasserniveau zu bewegen, obwohl sich die Krypta auf gleicher Höhe wie das Straßenpflaster befindet. „Unten" angekommen, fallen mir fast die Augen aus dem Kopf, ob der unerwarteten farbenprächtigen Wandmalereien, die sich im Kegel meiner noch funktionierenden Handy-Taschenlampe schälen.

Mit vorsichtigen Schritten gehe ich durch dieses faszinierende Labyrinth, in dessen Mitte sich ein mit einem schwarzen Samttuch ausgelegter Altar befindet. Der Boden ist teilweise mit Wasser bedeckt und ziemlich rutschig. In kleinen Kammern entdecke ich Knochenreste und steinerne Kreuze, die an den schimmelig feuchten Wänden lehnen. Fasziniert erkunde ich diese ungewöhnliche Krypta mit ihren noch ungewöhnlicheren Fresken, bis die Taschenlampe meines Handys erlischt und ich plötzlich in absoluter Finsternis stehe. Um die aufkommende Panik zu unterdrücken, schließe ich meine Augen und rekapituliere: Du stehst inmitten eines Labyrinths, inmitten der Knochen von Dutzenden, wenn nicht Hunderten dem jüngsten Tag Harrender. Du kannst die Hand vor

Augen nicht sehen und die Orientierung hast du mittlerweile komplett verloren. Auf der positiven Seite ist zu vermerken, dass du inmitten einer Stadt, und nicht auf irgendeiner längst verlassenen und vergessenen Insel bist. Früher oder später wird man deine Hilferufe hören, da die Schritte der Kirchenbesucher, zwar leise, aber immerhin vernehmbar sind. Die Krypta kann nicht viel größer als das Kirchenschiff sein ...

Da kommt mir die „Rechte-Hand-Regel" aus Umberto Ecos Mittelalterkrimi „Der Name der Rose" in den Sinn. Bruder William und sein Adlatus, Adson von Melk, gelang es damit, sich aus dem Labyrinth der Klosterbibliothek hinauszumanövrieren. Wie ging das noch einmal? Mir fällt es wieder ein: Der Eingang und der Ausgang des Labyrinths müssen ident sein. So weit, so gut. Dann strecke man die rechte Hand aus und taste sich an der Wand entlang, bis man unweigerlich den Ausgang erreicht! Klingt einfach – und in einer Bibliothek mag das vielleicht sogar spaßig sein, überhaupt wenn man zu zweit unterwegs ist und eine Kerze in der Hand hat, um den Weg auszuleuchten. Ich aber muss mich an mit Skeletten und mystischen Darstellungen bemalten, schimmeligen Wänden entlangtasten. Die Dunkelheit lässt mich nicht einmal erahnen, ob ich gleich durch knöcheltiefes Wasser waten muss. Ich bewege mich in Zeitlupe, um nirgends anzustoßen oder über ein Hindernis zu stolpern. Von Weitem höre ich die Stimme des Mesners. Zu stolz, um auf meine peinliche Lage aufmerksam zu machen, plärre ich ein *Arrivo subito* zurück. Nach einer gefühlten Ewigkeit – in Wirklichkeit wahrscheinlich nur ein bis zwei Minuten – finde ich die Treppen, die hinauf in die Kirche führen. Eco sei Dank! Beim Hinausgehen bedanke ich mich noch einmal, wische mir verschämt meine rechte, mit feuchtem Schimmelschmier verdreckte Hand am Hosenboden ab und stolpere mit durchnässtem Schuhwerk wieder ins vor dem Überlaufen stehende Venedig hinaus.

TONSPUR VENEDIG

Gaudete in Variationen

Vor allem älteren Semester wird die „Gaudete"-Interpretation der Gruppe Steeleye Span (1972) ein Begriff sein. Mit diesem Weihnachtslied aus dem 16. Jahrhundert verbuchten sie einen ihrer größten Erfolge. Das gefällige Lied wurde bis heute von den verschiedensten Künstlern, etwa von dem britischen Synthie-Pop-Duo Erasure oder dem Rockdinosaurier, Bassmonster und Yes-Bassisten Chris Squire „gecovert". Eine ferkelige Version der unkeuschen sächsischen Mittelalterrocker Potentia Animi klingt, als ob der Pfarrer irrtümlich die falschen Liedtexte für die Weihnachtsmesse ausgeteilt hätte.

Meine Lieblingsversion stammt allerdings von dem britischen Damen-Ensemble **Mediæval Baebes**, das auf seinem Album „Salve Nos" (1997) zeigt, dass es nicht immer gregorianischer Männerchöre bedarf, um Gänsehaut zu erzeugen.

Einst war das Casino degli Spiriti ein Treffpunkt venezianischer Künstler, die hier mondäne Feste feierten und deren Geister noch heute durch die Mauern streifen sollen. In dem Gebäude aus dem 16. Jahrhundert befindet sich zurzeit ein Altenheim, dessen Bewohner für die Spukgeschichten, die man sich über dieses Haus erzählt, nur ein wissendes Lächeln übrighaben.

Auf dem Campiello Barbaro spielt eine Schlüsselszene des Venedig-Thrillers „Chi l'ha vista morire?" aus dem Jahr 1972, in dem sich der verzweifelte Protagonist zu dem stimmungsvollen Soundtrack Ennio Morricones in einem labyrinthischen Venedig auf die Suche nach seiner verschwundenen Tochter macht.

VERIRRTE GEDANKEN
in verwinkelten Gassen und entlang des Meeres

Venedig und die von seinen Bewohnern über die Jahrhunderte erschaffenen Gassen wurden nicht per se als Labyrinth konzipiert, um dem Fremden ein Vordringen bis zum Stadtkern so schwer wie möglich zu machen. Trotzdem bleibt die Stadt für viele Besucher auch nach mehrmaligem Erkunden ein klassischer Irrgarten, in dem man sich (obwohl mit Stadtplan und ansonsten guter Orientierung ausgestattet) sowohl beim Hinein- als auch beim Hinausfinden immer wieder hoffnungslos verirren kann. Und genau diese kleinen Abenteuer machen den Reiz eines Besuches aus. Das Thema „Verloren gehen in Venedig" schlägt sich auch in mehreren Werken der Literatur des 20. Jahrhunderts nieder, wobei in fast allen Werken Venedig – auf die eine oder andere Art – zu einem Labyrinth mutiert und das Gassengewirr und die „Stadt im Niedergang" oft mit einer existenziellen Krise der Protagonisten Hand in Hand geht.

Als bekanntestes Beispiel dafür gilt wohl Thomas Manns **„Der Tod in Venedig"** (1911). Verblichene Fotos am Eingang zum **Strandbad von Alberoni** (direkt von der Bootsanlegestelle des Lido mit dem Bus der Linie A erreichbar) erinnern an die Dreharbeiten von Luchino Viscontis legendärer Literaturverfilmung.

Aber auch in dem Roman „Wer war Edgar Allan?" des österreichischen Romanciers **Peter Rosei** aus dem Jahr 1977 stolpert der in Venedig studierende Protagonist als „Alkoholiker und Drogenesser" durch die Gassen der Stadt. Schonungslos und ehrlich werden seine drogeninduzierten Gedankengänge dem Leser offengelegt. Vor dem Hintergrund einer klaustrophobisch erdrückendenden Stadt verschwimmen die Grenzen zwischen Realität und Drogenrausch immer mehr, um sich schließlich in gänzlich deliriösen Gedankenreflexen aufzulösen. Auch hier durchlebt der Erzähler eine – in diesem Fall von Rauschmitteln verursachte – Sinnkrise, wandert als Grenzgänger zwischen verschiedenen sozialen Welten der venezianischen Gesellschaft, um sich schließlich immer mehr in seiner Besessenheit zu verlieren. Rosei hat in seinem Werk besonderen Wert auf die Authentizität seiner Schauplätze gelegt. Bis auf einige bewusst gewählte Gassen und Plätze, die er mit Fantasienamen benannte, sind die „Trips" des Erzählers dank der exakten Ortsangaben jederzeit nachvollziehbar.

TONSPUR VENEDIG

Filmmusik

Mein Musiktipp für den winterlichen Strandspaziergang entlang des Lido ist der außergewöhnliche, von **Angelo Badalamenti** komponierte Instrumental-Score zur filmischen Adaption der Novelle **„The Comfort of Strangers"** von Ian McEwan, bei der Paul Schrader Regie führte (1990). Dass auch in dieser mysteriösen Geschichte die beiden Protagonisten durch ein labyrinthisches Venedig stolpern, sei nur am Rande erwähnt.

WINTERSPAZIERGANG der Extraklasse

Wenn in den Jännertagen *Bassa Marea* oder auch *Acqua Bassa*, also Niedrigwasser, den Wasserspiegel der Lagune auf bis zu fünfzig Zentimeter absinken lässt, kann man vom Ostufer **La Certosas** (siehe S. 149) fast bis zur nur knapp hundert Meter entfernten Nachbarinsel **Sant'Andrea** spazieren. Dann hat man das Gefühl, über das Wasser zu wandeln, und kann außerdem Muscheln, Krebse und Aale beobachten, die zahlreich über den trockenen Untergrund wuseln. Für die letzten paar Meter ist ein Boot unabdingbar. Wer die Lagune per Boot erkundet, sollte nicht versäumen, dem verwinkelten **Forte di Sant'Andrea** einen Besuch abzustatten. In der verlassenen Ruine gibt es ein labyrinthisches Gewirr aus Treppen, die bis auf das Dach der Wehranlage führen. Prächtige Aussicht garantiert!

TONSPUR VENEDIG

Himmlische Töne aus dem kühlen Norden
Mein Soundtrack für den Spaziergang über La Certosa stammt von dem isländischen Multiinstrumentalisten **Ólafur Arnalds**. Das besinnliche Album „And they have escaped the weight of Darkness" (2010) sorgt mit einer stimmigen Melange aus Indie- und Kammermusik für die Schärfung des Blicks auf die sanfte Winterdünung. Wie kein Zweiter schafft es der Musiker, mit seinen minimalistischen Kompositionen den weiten Himmel über der Lagune zu füllen.

VENEDIG SCHMECKEN

Bei *Acqua Bassa* kommt Lagunenaal auf den Tisch

Bei Niedrigwasser werden die Lagunenaale zum Verlassen ihrer Höhlen gezwungen. Sie sind somit leichte Beute für die Fischer und finden sich an diesen Tagen folglich häufig auf den Tageskarten der venezianischen Trattorien. Auf dem Fischmarkt in Rialto warnte mich der Händler, dass ich bei der Zubereitung unbedingt eine Brille tragen sollte, damit ich keine Blutsspritzer in die Augen bekäme, die das getroffene Auge für einige Stunden anschwellen lassen würden. Mit dem **säurehaltigen Blut der Aale** heilen die Fischer sogar ihre Warzen. Besonders ans Herz legte er mir die kleinen grünen Aale, da diese besonders zart schmecken würden. Das Rezept bekam ich gleich mitgeliefert:

Zutaten für 2 Personen

2	Lagunenaale
1 Prise	Paprikapulver, süß
2 EL	Mehl
4 EL	natives Olivenöl
2	Knoblauchzehen
8	*Castraure*/Artischocken
	Zitronenwasser
	Salz, Pfeffer, *Peperoncini*-Pulver
	Pecorino

Den Kopf des Aales entfernen und den Körper in daumengroße Stücke schneiden. Eine Prise süßes Paprikapulver in Mehl einrühren. Die Aalstücke mehlieren. Das überschüssige Mehl gut abschütteln und den Fisch anschließend in heißem, mit zwei Knoblauchzehen aromatisiertem Olivenöl (der Knoblauch darf nicht braun werden) etwa drei Minuten frittieren, bis sie etwas Farbe angenommen haben. Aus dem Öl nehmen und gut abtropfen lassen.

Am besten mit im Gemüsefonds kurz gedünsteten *Castraure,* einer Artischockenart von Sant'Erasmo, servieren. Dafür die vom Heu befreiten Artischocken maximal für zwanzig Minuten in Zitronenwasser einlegen. Nicht länger, da sonst die zarten Aromen der *Castraure* verschwinden. Darüber gereiften Pecorino hobeln. Salzen, pfeffern und mit einer Mini-Prise *Peperoncini*-Pulver würzen!

Dankbar für den Tipp, habe ich dieses einfache Rezept ausprobiert, heimlich um eine ofenwarme *Focaccia* ergänzt und dazu eine Flasche Orange (Pet Nat) 450 Slm vom Weingut Costadilà ergänzt. Buonissimo! Das auf dem Etikett der Flasche ein siebenstrahliges Labyrinth abgebildet ist, sei nur am Rande erwähnt.

BUON FESTA IM VORWEIHNACHTLICHEN VENEDIG

VON POETEN, HISTORISCHEN DRUCKEN, KULINARISCHEN OASEN UND EINER VENEZIANISCHEN WEIHNACHTSGESCHICHTE

Auch wenn sich Venedigs Zentrum mit seinen subtil weihnachtlich beleuchteten Plätzen und Ecken in der **Adventzeit** von seiner romantischsten Seite zeigt, zieht es mich doch immer wieder an die äußersten Ecken der Stadt. Dort sind die Einwohner glücklicherweise in der Überzahl. In der Vorweihnachtszeit geht es hier, im Gegensatz zu San Marco und Rialto, nie hektisch zu.

Eines dieser Viertel ist die Gegend rund um die Franziskanerkirche **San Francesco della Vigna** im Sestiere **Castello** (Haltestelle Celestia), wo die Infrastruktur für die Nachbarschaft noch funktioniert und wo es ein Leben abseits von Maskengeschäften und asiatischen Lederimitatshops gibt. Hier zeigt sich Venedig von seiner authentischen Seite. Aber auch in diesem Viertel wird es über kurz oder lang einschneidende Veränderungen für die verbliebenen Bewohner geben, da – Sie haben es wahrscheinlich schon erraten – in absehbarer Zeit ein weiteres Luxushotel mit eigener Anlegestelle seine Pforten eröffnen wird.

Das andere Viertel, in dem ich mich gerne durch die *Calli* und *Campi* treiben lasse, liegt in **Cannaregio** rund um die **Fondamenta Misericordia** (Haltestelle Madonna dell'Orto), mit seinen einladenden Bars, Cafés und Restaurants, den festlich herausgeputzten Schaufenstern, den kleinen Handwerksbetrieben sowie den stimmigen Rückzugsecken rund um die **Tintoretto-Kirche Madonna dell'Orto**. Vor allem aber wegen der charaktervollen Bewohner. Ein Mischmasch, der dieser Gegend eine besondere Prägung verleiht.

~ Vor der Grundschule an der Fondamenta de le Capuzzine treibt ein rot-schwarz gestreifter Fußball auf dem Kanal. Die Kinder stehen im Halbkreis um einen Jungen, der bäuchlings auf dem Pflaster liegt und versucht, den Ball mit einem Besenstiel zu bergen. Seine Zunge hat er konzentriert zwischen die Lippen geklemmt, und nach einigen vergeblichen Versuchen hat er Erfolg. Unter dem Applaus seiner Kameraden wischt er die triefende Reliquie an seinem Jackenärmel ab. Er küsst das auf den Ball aufgedruckte AC-Mailand-Vereinszeichen mit kindlicher Inbrunst. Die Bande verschwindet johlend hinter dem Schultor.

LORENZO MULLON LUXA
Der letzte Dichter von Cannaregio

Lorenzo ist Poet. Lorenzo schreibt Gedichte und Lorenzo diskutiert gerne über die aussterbende Kunst des Dichtens. Wenn er nicht gerade von der Muse geküsst wird, spaziert er mit versonnenem Lächeln über die Fondamenta Misericordia, wo er mit aufmerksamem Blick das Treiben in seinem Sestiere beobachtet. Nur wer ihm würdig genug erscheint, dem bietet er gegen eine kleine Spende ein im Eigenverlag publiziertes Heftchen mit Texten aus seiner Feder an.

Un giorno sapremo abbracciare il cielo
senza restare a mani vuote.

Eines Tages werden wir den Himmel umarmen können,
ohne mit leeren Händen dazustehen.
Lorenzo Mullon Luxa

Lorenzo hat die Gabe, nach eingehender Musterung meines Gesichtes, den *Spirito della curiosità* zu erkennen und aus dem Stegreif einen äußerst persönlichen und absolut treffenden Text zu verfassen, den er mir noch in das erstandene Pamphlet kritzelt und mit *Venezia oggi* datiert, bevor er mir den Gedichtband feierlich aushändigt und in der nächsten Bar verschwindet. Wenn Ihnen also in Cannaregio ein strahlender Mann mittleren Alters mit einem leicht entrückten Blick und einem Packen gelber Hefte unter dem Arm begegnen sollte, scheuen Sie sich nicht und sprechen Sie ihn an. Lorenzo sucht das Gespräch mit seiner Umgebung. Lorenzo ist eine Mischung aus Dichter und Gesichtsleser, er ist ein venezianisch reimendes Orakel, das sich darauf versteht, Wärme in die Herzen seiner Mitmenschen zu zaubern.

VENEDIG ZUM MITNEHMEN

„Make your own" Mitbringsel
In ihrem gemütlichen Atelier hat sich die umtriebige Venezianerin **Arianna Sautariello** auf die aussterbende Kunst der Herstellung historischer Drucktechniken, die aus dem 15. Jahrhundert stammen, spezialisiert. Hier findet man Radierungen, Kaltnadelradierungen, Linolschnitte sowie Aquarelle und Zeichnungen. Arianna, die in ihrem künstlerischen Schaffen Inspiration aus ihrer Heimatstadt Venedig zieht, lässt sich bei ihrer Arbeit über die Schulter schauen. In Kursen für maximal drei Teilnehmer weiht sie Neugierige in die Kunst des Druckplattenkratzens mit anschließendem händischem Druck nach historisch-venezianischer Art ein. Ein originelles, selbst hergestelltes Weihnachtsgeschenk – besser geht es gar nicht!
Plum Plum Creations, Fondamenta dei Ormesini 2681, 30121 Cannaregio, +39 041 476 540 4, www.plumplumcreations.com

Venedig anno 1926

Die altehrwürdige **Libreria Toletta** unweit des Campo San Barnaba zählt zu einer der schönsten noch verbliebenen Buchhandlungen der Stadt. Kompetenter Service, ein charakteristisches mehrsprachiges Sortiment sowie eine ganze Auslage ausschließlich mit Werken von Hugo Pratt (siehe S. 23) laden zum gemütlichen Schmökern ein. Vor allem der nur in dieser Buchhandlung erhältliche, über 1000 Seiten starke Reprint des 1926 erschienenen Venedigführers „Venice and it's Lagoon – A historical and artistic Guide" von Giulio Lorenzetti ist für Liebhaber, die glauben, schon alles über die Stadt zu wissen, ein absolutes Muss.

Libreria Toletta, Sacca della Toletta 1213, 30123 Dorsoduro, +39 041 523 203 4, www.latoletta.com

GUT ZU WISSEN

Wintervergnügen nicht nur für Bambini

Im Dezember gastiert traditionell an der Riva dei Sette Martiri, am Beginn der Via Garibaldi, ein kleiner Lunapark mit Schießbuden, Kinderkarussell, Autodrom und einer Achterbahn mit Blick auf das Bacino San Marco. Hier vergnügen sich die kleineren, aber auch die größeren Bambini aus der Nachbarschaft. Ein Besuch lohnt sich vor allem am späten Nachmittag, wenn die untergehende Sonne hinter Marghera verschwindet und den Rummel in magisches Licht taucht.

Oben: Eislaufen im Schatten der Palazzi am Campo San Polo.

Unten: Gerade in der Vorweihnachtszeit gibt es jedes Jahr üppige süße Kreationen zu entdecken und zu verkosten.

GUT ZU WISSEN

Ein doppelter Rittberger am Campo San Polo

Selbst wenn die Lagune nicht gerade am Zufrieren ist (siehe S. 157) und die Temperaturen angenehm über dem Gefrierpunkt liegen, gibt es die Möglichkeit, in der Stadt eiszulaufen. Während im Sommer der Campo San Polo mit einem „Kino unter Sternen" zum stimmigen Filmschauen lockt, dürfen sich die Venezianer im Winter über einen Eisring erfreuen, auf dem man seine Runden bis 21 Uhr unter dem Sternenhimmel drehen kann. Je später der Tag, desto ausgelassener die Stimmung. Nichteisläufer können die märchenhafte Atmosphäre mit einem Becher **Vin brulè** vom Glühweinstand genießen.

Eintrittspreise und Öffnungszeiten sind auf www.comune.venezia.it unter dem Stichwort „Citta della Festa" zu finden.

VORWEIHNACHTLICHE Sehnsüchte stillen

Natürlich sollte man gerade in der Vorweihnachtszeit, wenn es in der Stadt so viel zu sehen und entdecken gibt, den Tag standesgemäß bei lukullischen Freuden ausklingen lassen und sich ganz einfach Gutes tun. Venedig kann in jedem Sestiere mit einer großen Dichte an gastronomischen Betrieben aufwarten, wo sich für jede Geldbörse und für jeden Geschmack leicht das passende Ambiente finden lässt. Da selbst im Dezember abends die Temperaturen manchmal noch äußerst mild sind, kann der *Ombra* oder der obligatorische *Spritz* oft auch im Freien genossen werden.

VENEDIG SCHMECKEN

Wenn Venedigs Küche mit jener Japans verschmilzt

Geht das denn? Darf man das überhaupt? Und wie das geht. Und ja, man darf. Das klitzekleine Restaurant „Il Redotto" mit nur fünf Tischen auf dem Campo Santi Filippo e Giacomo im Herzen von San Marco befindet sich nur wenige Meter von der Riva degli Schiavoni entfernt, und was Küchenchef Gianni mit seinem japanischen Team hier auf allerhöchstem Niveau zelebriert, bringt selbst verwöhnteste Gaumen zum Jubilieren. Hier wird asiatisch-mediterrane Fusionsküche vom Feinsten geboten und auch die sorgsam ausgewählte Weinkarte birgt selbst für Kenner der Materie önologische Schätze. Lassen Sie sich vom Chef beraten: Seine Weinkenntnisse stehen seinen Fertigkeiten in der Küche um nichts nach.

Schon der erste Gang meines siebengängigen Überraschungsmenüs, eine Art venezianisches Sardinen-Sashimi, offeriert exotisch-asiatische Aromen, die sich kongenial mit der Lagunenküche paaren. Ein rundum gelungener Abend. Chapeau.

Il Ridotto Restaurant, Campo Santi Filippo e Giacomo 4509, 30122 Castello, +39 041 520 828 0, www.ilridotto.com

Best Pizza und Bollicine in Town

Gegenüber dem „Il Ridotto" liegt das dazugehörende Schwesterlokal „Aciugheta". Neben sorgfältig zubereiteten *Cicchetti* und einer riesengroßen Auswahl glasweise ausgeschenkter Weine (das Lokal teilt sich den Weinkeller mit dem „Il Ridotto") wird hier ganz nebenbei die beste Pizza der Stadt serviert. Dem Sauerteig werden hier drei Tage Rast zugestanden, bevor es mit köstlichem Belag in den Holzkohlenofen geht. Im sprudeligen Bereich der Weinkarte finden sich edelste Schaumweine aus der Prosecco-Gegend, aus dem lombardischen Franciacorta (meine heimliche Liebe) und auch aus der Champagne. Die größte Sünde wäre es, das lauwarme, halbflüssige Pistazien-Soufflé auf der Dessertkarte zu ignorieren.
Pizzeria Aciugheta,
Campo Santi Filippo e Giacomo 4357, 30122 Castello,
+39 041 522 429 2, www.facebook.com/aciugheta

Romantikdinner mit Pepp

Die besten Dinge im Leben sind entweder illegal, unmoralisch ... oder machen dick. Mit diesem Credo wirbt das „Algiubagiò", das sich bereits seit den 1950er Jahren in Familienbesitz befindet. Im Sommer ist der Ausblick auf San Michele und Murano von der über dem Wasser stehenden Terrasse aus unbezahlbar. Und im Winter sorgt die kuschelige Atmosphäre, ein gelungener Mix aus Tradition und Moderne, für heimeligen Wohlfühlfaktor, wenn es draußen gerade Schusterbuben regnen sollte oder dichter Nebel aus der Laguna Morta in die Gassen der Stadt einfällt. Für den kleinen Hunger gibt es am Entree nach wie vor eine mit köstlichen *Cicchetti* befüllte Bar sowie eine fantastische Auswahl glasweise ausgeschenkter Weine bzw. sorgfältig geschüttelte und gerührte Cocktails. Auch die Küche steht den Barshakern in puncto Kreativität um nichts nach. Muscheltortellini nach Malamocco-Art auf Bohnencreme mit venezianischer *Burratina* und einem molekulartechnisch behandelten Petersilhauch zeigen, wohin die kulinarische Reise geht. Da der Regen an diesem kulinarisch so besonderen Abend partout nicht aufhören wollte, blieb mir nichts anderes übrig, als mich am Ende des Überraschungsmenüs durch sämtliche Desserts zu kosten. Was weder illegal oder unmoralisch ist, aber ... siehe oben. In der Weinkarte findet sich so gut wie alles, was Rang und Namen in der italienischen Weinwelt hat.
Ristorante Algiubagiò,
Fondamente Nove 5039, 30121 Cannaregio,
+39 041 523 608 4, www.algiubagio.net

TONSPUR VENEDIG

Weinselig
Inspiriert von der Seele des soeben genossenen Weines aus dem „Land des Nebels“ swinge ich zum Livealbum **„Men at Work“** (2013) des ehemaligen piemontesischen Bahnhofsvorstehers **Gianmaria Testa** in Richtung heimwärts – eine musikalische Melange aus Jazz und lateinamerikanischen Rhythmen. *„Ma certe nostre sere hanno un colore ... Come le onde del mare ... Come le stelle del mare.“ Aber manche unserer Abende haben eine Farbe ... Wie die Wellen des Meeres ... Wie die Sterne des Meeres.*

Selbst in den kalten Monaten tanken die Venezianer in den Gastgärten auf dem Campo Santa Margherita Wintersonne.

DIE VIERTE FARBE
des Weines

Im überwiegend von Studenten frequentierten Viertel rund um die Kirche San Pantalon liegt hinter der Scuola Grande di San Rocco das **ultimative Paradies für Naturweinfreunde**. Wer sich hierher verirrt, dem präsentiert sich das junge Venedig von seiner familiären Seite – vor allem in der Vorweihnachtszeit.

„Was darf es denn sein? Ein Gläschen in Rot, Weiß oder Rosé gehalten?"

„Für mich bitte einmal Orange!"

Obwohl ich bereits seit fast zwei Dekaden beruflich mit Weinen aus aller Welt zu tun habe, muss ich ehrlicherweise zugeben, dass ich der jungen, wilden Winzergeneration, die sämtliche althergebrachte Konvention der Weinmacherkunst ganz einfach über Bord warf, lange Zeit skeptisch gegenüberstand. Mit **Naturhefen, Spontangärung, minimalster Schwefelung** und **Flaschenreifung** kreierten sie eine völlig neue Weinstilistik, deren Endergebnis durch die lange Mazerationszeit oft eine intensiv orange Farbe aufweist. Hat sich dieses Universum an neuen Geschmäckern und Aromen dem Gaumen allerdings einmal erschlossen, dann ist es so, als ob man die **Büchse der Pandora** geöffnet hat – und der Suchtfaktor ist ziemlich hoch. Auch in Venedig findet dieser unkonventionelle önologische Stil vor allem bei der jüngeren Generation immer größeren Anklang. In einigen Lokalen und Weinbars sind diese naturbelassenen Tropfen mittlerweile Fixstarter auf der Weinkarte.

VENEDIG SCHMECKEN

Empfehlenswerte Adressen mit *Natural Wine* auf der Karte

Das intime „Adriatico Mar" verfügt nur über eine Handvoll Tische, an denen der rührige Inhaber Francesco eine sorgfältig zusammengestellte Auswahl von glasweise ausgeschenkten Naturweinen offeriert, die von Italien bis nach Slowenien, in die Schweiz und bis Frankreich reichen. Im Laufe des Abends durfte ich einen flaschenvergorenen Crémant aus dem schweizerischen Juragebiet, sprudelnden Barbera d'Asti aus dem Piemont, einen kraftvollen Pinot Noir vom Fuße des Ätnas sowie einen gereiften Malvasia aus Istrien verkosten. Francesco nimmt sich für jeden seiner Gäste Zeit und berät auch Neueinsteiger auf diesem Gebiet, bis der passende Tropfen gefunden ist.

Zu den Verkostungsweinen genoss ich eine venezianische Brettljause mit selbst eingelegtem Gewürzkürbis, gegrilltem Radicchio, mildem Schafkäse und zart schmelzendem Lardo. Produkte, die Francesco von Kleinstproduzenten aus dem Umland bezieht. Weinliebhaber, die auf der Suche nach neuen Geschmackserlebnissen sind, sollten hier unbedingt Einkehr halten.

Adriatico Mar, Calle Crosera 3771, 30125 Dorsoduro,
+39 041 476 432 2, www.facebook.com/MalvasiaAdriaticoMar

Die neue venezianische Küche mit passendem Soundtrack

Kreative Küche, tolle Weinauswahl, extrem freundlicher Service und gute Musik finden Sie in der Osteria „Anice Stellato". Auf Gäste mit etwaigen Unverträglichkeiten wird besonders liebevoll eingegangen. Ein kulinarisches Juwel in der venezianischen Gastrolandschaft!

Osteria Anice Stellato, Fondamenta de la Sensa 3272, 30121 Cannaregio,
+39 041 720 744, www.osterianicestellato.com

Wer suchet, der findet

Gut versteckt im Hinterhof liegt die Gastrosteria „Ai Mercanti". Die Speisekarte ist klein, dafür wird jedes der offerierten Gerichte punktgenau und mit Herzblut zubereitet. Auf der Weinkarte finden sich u. a. die fantastischen Kreszenzen der Villa Job – mein absolutes Lieblingsweingut in Sachen *Natural Wine.*

Ai Mercanti, Calle dei Fuseri Corte Coppo 4346/a, 30124 San Marco,
+39 041 523 826 9, www.aimercanti.com

Süßer Abstecher

Eine Pilgerstätte für venezianische *Dolci* ist die Pasticceria Tonolo unweit der Natural-Wine-Bar „Adriatico Mar". Rund um den 11. November, dem **San Martino-Tag**, wird hier eine besondere Spezialität angeboten: Ein kunstvoll mit Zuckerguss verzierter Keks, der den heiligen Martin hoch zu Ross darstellt. In der Karnevalszeit kann man sich über die üppigen, in Butterschmalz gebackenen ***Frittelle*** hermachen, die im Tonolo mit Zabaione-Creme oder ganz klassisch mit Rosinen (mein Favorit) aus der hauseigenen Backstube kommen. Am besten noch ofenwarm genießen.

Pasticceria Tonolo, Calle San Pantalon 3764, 30123 Dorsoduro,
+39 041 523 720 9, www.pasticceria-tonolo-venezia.business.site

LIDO
Barfuß durch den Sand bis zum Weihnachtsmarkt

Mein Rundgang über den **vorweihnachtlichen Lido** führt mich von der Vaporetto-Station (Linie 1) entlang der Riviera Santa Maria Elisabetta bis zur Via Marco Polo. Vorbei am Hintertor des jüdischen Friedhofs bis zur Mutter aller venezianischen **Lost Places**, dem seit Jahren verlassenen **Ospedale al Mare**, das in Kürze einem weiteren Luxushotel weichen wird.

Über den Strand spaziere ich dem Sonnenuntergang entgegen. Fast immer barfuß. Die Ausläufer der sanften Wellen und der kühle Sand zwischen den Zehen wirken belebend und lassen wehmütige Gefühle an den letzten Familienurlaub wach werden.

Auf der Höhe des ehemaligen **Grand Hotel Des Bains** läuft gerade ein heißes „Kickerl". Das Spiel ist hart, emotional, aber fair. Wenn der Ball im Wasser landet, wird geduldig gewartet, bis die Wellen das Leder wieder freigeben. Für einige Minuten ist alles in magisch oranges Licht getaucht.

Der grobschlächtige Casino-Bunker und die verspielte Fassade des **Grand Hotel Excelsior** mit der davor aufgeschütteten Wintersanddüne erinnern an eine Szenerie in einem exotischen Wüstenabenteuerfilm. Über die Via Morosini erreiche ich den Kreisverkehr an der Via Sandro Gallo, wo im kleinen Park an der Rückseite des Rollerskate-Rings der **alljährliche Weihnachtsmarkt** der Commune stattfindet. An den überwiegend von privaten Verkäufern betriebenen Ständen wird ein kunterbuntes Angebot verschiedenster Dinge offeriert, von denen man noch nicht gewusst hat, dass man sie braucht. Natürlich wird auch für die Bedürftigen gesammelt und hier scheint wirklich jeder jeden zu kennen. Die Stimmung ist festlich und familiär. Abends trifft sich die Community des Lido zum Bummeln, Tratschen und zur **Kutschfahrt** mit dem **Weihnachtsmann**. Strahlende Kinderaugen inklusive.

In Venedig kommt zu Weihnachten freilich weder das **Christkind** noch der Weihnachtsmann. Dafür fliegt in der Nacht vom 5. auf den 6. Jänner die gute **Hexe Befana** auf ihrem Besen von Haus zu Haus, um brave Kinder zu beschenken und die weniger braven zu bestrafen. Der Sage nach ist sie dabei auf der Suche nach dem Jesuskindlein, da sie den Stern, der sie nach Betlehem führen sollte, schlichtweg verpasste. In den letzten Jahren hat sich allerdings bei vielen Familien der klassische Weihnachtsbrauch mit Christbaum, großem Familienessen und Geschenkübergabe am 24. Dezember durchgesetzt.

GUT ZU WISSEN

Veranstaltungen rund um das Weihnachtsfest sind auf der Homepage *events.veneziaunica.it* unter dem *Keyword* **„Le Città in Festa"** zu finden. Buon natale!

Über die Via Lepanto, entlang des romantisch in salzig schmeckenden Abendnebel getauchten Kanals, gelange ich zur Granviale Santa Maria Elisabetta, die in dezent stimmungsvoller Beleuchtung vor mir liegt. Hier darf natürlich ein festlich geschmückter Weihnachtsbaum, der die ganze Straße überstrahlt, nicht fehlen. Da die Commune im Herbst nach Abreise der letzten Sommergäste auf ihren harten Kern zusammenschrumpft, wirkt der **Lido im Winter** wie ein kleines Dorf. Die Temperaturen liegen auch abends noch im angenehmen Bereich, und so spielt sich das soziale Leben auf der Straße ab. Vor dem *Aperitivo* noch schnell den Einkauf erledigen und das Tagesgeschehen, mit reichlich Gesten untermalt, besprechen, während die Kinder in der Fußgängerzone herumtollen.

Auf dem Rückweg mit dem Vaporetto setze ich mich in das Bugabteil, da es nun so knapp über der Wasseroberfläche empfindlich kalt geworden ist. Mit dem tranquilen Soloalbum des Talk-Talk-Sängers **Mark Hollis** im Ohr lasse ich mit geschlossenen Augen den Tag Revue passieren. Den Sand von meinem Strandspaziergang spüre ich noch zwischen meinen Zehen.

TONSPUR VENEDIG

Stille statt Synthesizer

Das 1998 erschienene Soloalbum **„Mark Hollis"** des gleichnamigen Musikers ist eine absolute Antithese zu den eingängigen Synth-Balladen „Such a Shame" oder „It's my life", mit denen der Sänger der Band „Talk Talk" in den 1980ern die internationalen Charts stürmte. Mit diesen acht Kompositionen, die in ihrer melancholischen Sanftheit fast schon meditativ wirken, hat sich Hollis für immer in meinen persönlichen Pop-Olymp katapultiert. Eine Reise in die Stille und ein Album, das mich bereits seit über zwei Dekaden auf meinen Reisen begleitet. *„Come my love, Kick the line, Afield lies nothing but squalor to turn on, A song asale."* (Aus: „Whatershed", 1998)

Den malerischen Sonnenuntergang auf dem Lido kann man ganzjährig genießen. Vorzugsweise mit den Zehen im Sand vor der „Bluemoon"-Bar.

SURFIN' VENEZIA
Eine Weihnachtsgeschichte

Genau genommen ist mein venezianisches Weihnachtsmärchen, das unter *Una favola natalizia veneziana* in meinem Notizbuch vermerkt ist, kein richtiges. Die Ereignisse trugen sich nämlich vor einigen Jahren zwischen Weihnachten und Neujahr zu.

Seit gestern sind die Dächer und Turmspitzen der Stadt mit einer dicken Schneeschicht überzogen. Schneeräumung auf den Gehwegen, so wie man es von zu Hause kennt, gibt es in Venedig nicht. Die Reduzierung der Schneedecke erfolgt einzig durch das Schuhwerk der Menschen, die entweder mit verzauberten Blicken durch dieses Winterwunderland flanieren oder sich fluchend ihren Weg durch die rutschigen *Calli* bahnen, um ihrem Tagewerk nachzukommen. Den ganzen Tag fallen dicke Schneeflocken aus dem mit schwefelgelben Wolken verhangenen Himmel. Sämtliche Geräusche, die sonst den charakteristischen Klang Venedigs ausmachen, werden scheinbar von der weißen Pracht absorbiert. Selbst das allgegenwärtige Tuckern der Vaporetti auf der Fondamente Nove hallt stark gedämpft über das pechschwarze Wasser, als ob man die Boote durch eine den Schall absorbierende Glaswand betrachten würde. Die ganze Lagune scheint wie in Watte gepackt. Sogar der Rauch aus den Schornsteinen erinnert an Zuckerwatte. Vom Fenster meiner Dachwohnung aus sehe ich in den Hof der benachbarten Grundschule, wo die Schüler und Schülerinnen in den Pausen die weißen Flocken mit ihren offenen Mündern auffangen und ihre Namen in den Schnee zeichnen. Erst als die Dunkelheit über die Stadt hereinbricht, endet der dichte Schneefall. Die eisige aus den nördlichen Alpen blasende *Tramontana* verjagt die Wolkenberge und klirrende Kälte zieht durch die Gassen. *La Luna* lacht kugelrund vom nun wolkenlosen Himmel und taucht die weiß gepuderten Gassen in bläulich-weißes Licht.

Die Festtage in Venedig sind einzig der Familie gewidmet und so ist in meinem Viertel zwischen Weihnachten und Neujahr so gut wie alles geschlossen. Ich mache mich auf die Suche, um auf der Strada Nova noch einen späten Imbiss zu ergattern. Den Kopf noch voll mit Ergebnissen meiner Recherchearbeiten, die mich den ganzen Tag über in Anspruch genommen haben, ergattere ich bei einem Take-away, dessen Rollläden bereits halb heruntergelassen sind, noch zwei Stück **Pizza Bufala** – scheinbar die traurigen Reste des Tagesangebotes, die wahrscheinlich ein paar Minuten später im Müll gelandet wären. Doch der Hunger verwandelt die lauwarmen Teigstücke in absolute Köstlichkeiten, die ich im Windschatten des **Sarpi-Denkmals** (siehe S. 50) mit einer Dose Zitronen-Eistee runterspüle. Die menschenleeren, schneebedeckten Gehsteige haben sich mittlerweile durch den Wind in Eisbahnen verwandelt, auf denen ich mich vorsichtig Schritt für Schritt nach Hause taste. Die Brücken werden frühestens morgen früh mit Salz bestreut und kurz vor meiner Wohnung in der Nähe des Campo dei Gesuiti zieht es mir auf einer spiegelglatten Brückenstufe trotz aller Vorsicht beide Beine nach hinten weg. Dank akrobatischer Verrenkungen, die für etwaige Beobachter an Lächerlichkeit nicht zu überbieten sind, verhindere ich, die Stufen der Ponte unfreiwillig zu küssen. Bäuchlings liege ich am Fuß der Brücke und gerade als ich dabei bin, mich aufzuraffen, schlägt unmittelbar vor mir ein grüner Konservendeckel auf dem vereisten Pflaster auf.

Zuerst denke ich an einen Streich eines heimlichen Beobachters, der meinem unwürdigen Sturz, mit diesem gezielten Wurf noch die Demutskrone aufsetzen will. Doch als ich mir den Schnee aus der Kleidung klopfe und meinen Blick über den Campo streifen lasse, ist nur ein pechschwarzer Rabe zu sehen, der sich lautlos im Sturzflug vom Dach herunterlässt. Mit geplustertem Federkleid baut er sich vor mir auf und dreht seinen majestätischen Kopf von links nach rechts, seine Augen blitzen dabei schelmisch auf. Er entlässt ein meckerndes Krächzen aus seinem Schnabel, schnappt mit seinen Krallen den Konservendeckel und entschwindet wieder in Richtung Dach. Verblüfft schaue ich ihm nach. Das kluge Tier setzt den Konservendeckel, den es mit seinen Krallen festhält, erneut auf den Dachfirst und surft nochmals über die schneebedeckte Dachschräge hinunter. Diesmal mit dem Hinterteil voraus. Der Deckel prallt wieder vor mir auf und ich stehe starr vor Staunen und mit weit gerecktem Hals, um nichts von dem Spektakel zu versäumen. Der Vorgang wiederholt sich einige Male, bis der zum Snowboard umfunktionierte Konservendeckel über den Rand des Kanals rollt und im dunklen Wasser verschwindet. Das gutturale Krächzen des Raben klingt wie ein *„Merda"*. Dann erhebt er sich in den Nachthimmel und entschwindet Richtung San Michele. Ungläubig starre ich ihm hinterher.

Starr in dieses Dunkel spähend,
stand ich lange, nicht verstehend,
Träume träumend, die kein irdischer
Träumer je gewagt zuvor …
Quoth the raven: Nevermore.
„Der Rabe", Edgar Allan Poe

TONSPUR VENEDIG

Ein Denkmal für die Düsternis

Mit dem sinfonisch angehauchten Debutalbum des **Alan Parsons Project**, „Tales of Mystery and Imagination", setzten 1976 die beiden Soundtüftler Alan Parsons und Eric Woolfson dem Urvater der düsteren Romantik, **Edgar Allan Poe**, ein akustisches Denkmal, das auch 45 Jahre nach seinem Erscheinen noch immer für angenehme Gänsehaut sorgt. Bei „The Raven" handelt es sich übrigens um den ersten Rocksong, bei dem der Gesang mithilfe eines digitalen Vocoders verfremdet wurde. In der 16-minütigen Instrumentalsuite „The Fall of the House of Usher" finden sich Passagen aus **Claude Debussys** „La Chute de la Maison Usher", ein Opernfragment aus dem Nachlass des französischen Komponisten.

REGINA
REGINA
YAMAHA

GEGEN **DEN STROM**

SLOWTRAVEL FÜR GENIESSER: EINE PALAZZOTOUR ÜBER DEN CANAL GRANDE

Die Haltestellen des 1er-Vaporettos entlang der „schönsten Straße der Welt“: Lido di Venezia – S. Elena – Giardini (Biennale) – Arsenale – S. Marco (S. Zaccaria) – S. Marco (Giardinetti) – S. Marco (Vallaresso) – Salute – Giglio – Accademia – Ca’ Rezzonico – S. Samuele – S. Tomà – S. Angelo – S. Silvestro – Rialto – Rialto Mercato – Ca’ d’Oro – S. Stae – S. Marcuola – Riva de Biasio – Ferrovia – Piazzale Roma

GUT ZU WISSEN

Einmaleins der 1er-Linie
Insgesamt befinden sich dreiundzwanzig Stationen entlang der Strecke des 1er-Vaporettos, die vom **Lido** bis zur **Piazzale Roma** führt. Das Boot hält an allen Stationen entlang des Kanals und nicht nur an den für die Touristenströme unabdingbaren Hauptverkehrsknoten Ferrovia Santa Lucia, Rialto, San Marco und Lido. Die Fahrtzeit vom Lido bis zur Piazzale Roma beträgt eine knappe Stunde, die Intervalle zwischen den einzelnen Booten sind circa 15 Minuten. Infos und Ticketpreise finden Sie unter: www.actv.at

Glücklicherweise wird einem in Venedig selbst an Tagen mit schlechtem Wetter niemals langweilig. Museen und Ausstellungen mit liebevoll zusammengetragenen Exponaten, in denen sich der Kultur- und Kunstinteressierte für Stunden verlieren kann, finden sich in allen Sestieri der Stadt. Es ist garantiert für jeden Geschmack etwas dabei. Meisterwerke von Tizian, Tintoretto, Tiepolo und Co, für die man woanders in ein Museum pilgern muss, kann man in den meisten venezianischen Gotteshäusern (etwa in der Chiesa Madonna dell'Orto, in der Basilika San Giorgio Maggiore, I Gesuiti oder Gloriosa dei Frari) gratis oder gegen einen kleinen Obulus betrachten.

Für den Preis eines Vaporetto-Tickets lässt sich die Stadt in gemächlichem Tempo auch bei geöffneten Himmelsschleusen trockenen Fußes entweder im **Rundkurs** oder **einfach entlang des Canal Grande** aus der Wasserperspektive erkunden. Mit einer Länge von 3200 magischen Metern und einer Maximalbreite bis zu siebzig Metern windet sich Venedigs **Hauptverkehrsroute**, der Canal Grande, als Venedigs

Bei der Libreria Libera kann man sich mit einem Gratisbuch die Wartezeit auf das Linienboot verkürzen oder seine nicht mehr benötigten Bücher abgeben.

Prachtboulevard seit mittlerweile biblisch anmutenden 1600 Jahren schlangenförmig durch die Stadt. Überspannt wird diese einzigartige **Vermählung aus Wasser und Architektur** von vier Brücken. Für die passende Umrahmung des von den Bewohnern der Stadt nicht ohne Stolz als schönste Straße der Welt bezeichneten Wahrzeichens sorgen rund zweihundert Palazzi, Kirchen und Prachtbauten aus den verschiedensten Jahrhunderten, die auf Zigtausenden Eichenpfählen errichtet wurden und die wie vorbeiziehende Gedankenfetzen unvermutet aus dem Nebel auftauchen und genauso schnell wieder verschwinden.

Nach dem Motto **„Der Weg ist das Ziel"** schippere ich nach kurzer Wartezeit an dem nicht überdachten, provisorischen Boots-Stopp gegen den einfallenden Strom der vom Festland einpendelnden Beschäftigten und Tagestouristen. Die beste Zeit dafür ist morgens oder am frühen Vormittag, da sich die Passagieranzahl in **Richtung Rialto** oder **Ferrovia** in Grenzen hält und das Vaporetto überwiegend Bewohner der stetig schrumpfenden Einwohnerschaft frequentieren, die ihre Einkäufe, Erledigungen und Termine wahrnehmen. Alltagsdramen, freudige Ereignisse und skurrile Begebenheiten auf dem Boot inklusive. Nicht umsonst werden die Vaporetti von den Venezianern mit ironischer Zärtlichkeit ***Pollaio*** (Hühnerstall) genannt. Der „Slow Train" der Stadt, das 1er-Vaporetto, stoppt an jeder Haltestelle entlang des Canal Grande. Am liebsten nehme ich in einer der **letzten Reihen Platz**, um das Treiben außerhalb und innerhalb des Bootes im Blick zu haben, und wenn das Linienboot nicht mehr nur Mittel zum Zweck ist, sondern der Weg wirklich zum Ziel wird, bin ich im Venedig-Modus mit seinem eigenen Tempo und seinen eigenen Regeln angelangt. Das stampfende, stetig vibrierende Linienboot umhüllt mich dabei wie ein schützender Kokon aus Metall und Schiffsdiesel, der Regenschauer und Nebel abwehrt. Die von der Feuchtigkeit beschlagenen Scheiben wirken wie ein **Weichzeichner** auf die vorüberziehenden Fassaden der Prunkbauten, hinter deren Mauern noch bis in das letzte Jahrhundert dekadent und zügellos gefeiert wurde.

GUT ZU WISSEN

Falls die Wartezeit auf das Linienboot am westlichsten Zipfel des **Parco delle Rimemberanze** (Haltestelle S. Elena) einmal länger dauern sollte, findet man hier eine *Libreria Libera,* eine Gratisbibliothek. Nicht mehr gebrauchte Bücher warten hier hinter mit Plexiglas geschützten Regalen auf eine dankbare Leserschaft. Bequemes Bankerl zum Schmökern inklusive.

TONSPUR VENEDIG

Meine ganz persönliche Playlist für diesen Slowtrip durch Venedig: Mit dem Kopfkino unterstützenden **„Gesang der Sirenen"**-Soundtrack kann die Reise beginnen (siehe S. 173).

VOM LIDO BIS RIALTO
bei weit geöffneten Himmelsschleusen

An der **Riva dei Setti Martiri** werden die von Transportbooten verschifften Lastwägen der Schausteller für den traditionell vorweihnachtlichen **Lunapark** (siehe S. 81) entladen. Unter dem Gejohle einer erwartungsvollen Kinderschar, die gut verpackt dem Regen trotzt, werden bunte Schießbuden, Autodrom, ein Kettenringelspiel und eine Hochschaubahn zusammengeschraubt, die in den nächsten Wochen die Kinderherzen der Nachbarschaft erfreuen und die Geldbörsen der Eltern strapazieren werden. Der Wind treibt die zu einem alles übertönenden Klangteppich verwobenen Hammerschläge und den Bohrlärm vor sich her und ist noch bis zur Anlegestelle **San Zaccaria** zu vernehmen.

Bevor das Vaporetto an der **Punta della Dogana** in den Canal Grande einfährt, sorgt bei der Haltestelle S. Marco (Vallaresso) ein lautstarker Disput zwischen der jungen Schaffnerin und einem älteren Venezianer, der einen überlangen Christbaum unter dem Arm trägt, für ein kurzes Aufschauen der Passagiere von ihren Tageszeitungen und Handydisplays. Sie will ihm den Transport auf dem Boot verweigern. Aber schließlich zeigt sich die Kapitänin des Vaporettos als Friedensstifterin. Mit beruhigenden Worten verlässt sie ihre Kabine und gestattet unter dem Applaus einiger Passagiere ausnahmsweise die Mitnahme – somit ist der vorweihnachtliche Friede gerettet.

GUT ZU WISSEN

Gratis in den Markusdom

Circa eine halbe Stunde nachdem sich die Tore des Markusdomes für Besucher geschlossen haben, kann man über die seitlich gelegene **Porte dei Fiori** die Basilika betreten, um zu beten und um der Abendmesse (Vesper) beizuwohnen. Fotografieren und Herumgehen während des Gottesdienstes sind verpönt und werden von der darauf speziell gedrillten Security gnadenlos geahndet. Wer genügend Sitzfleisch für eine Abendmesse in einem der schönsten Gotteshäuser der Welt mitbringt, dem ist ein unvergessliches Erlebnis garantiert. Die Vesper wird in den Wintermonaten an Sonn- und Feiertagen um 17.30 Uhr zelebriert.

GIARDINI
Reali

Eine Parkeröffnung im Dezember? Das kann es nur in Venedig geben. An der Stelle, an der sich heute der nach mehrjähriger, umbaubedingter Schließung gerade wiedereröffnete lauschige Park mit Blick auf das *Bacino* befindet, standen nahe der Haltestelle S. Marco (Vallaresso) einst **Speicher** und **Magazine**, die während der Besatzungszeit Napoleons geschliffen wurden. Auch **Kaiserin Sisi**, deren Gemächer sich im heutigen Museo Correr mit Blick auf die Parkanlage befanden (siehe S. 50), besuchte die Giardini Reali gern. In dieser Grünanlage ist auch die einzige Hebebrücke Venedigs zu bestaunen, die aus der Zeit der österreichischen Besatzung stammt und schlicht unter dem Namen **Il Ponte levatoio** – Zugbrücke – bekannt ist.

VENEDIG SCHMECKEN

Illy-Flagship
In einem ebenfalls aus der Zeit der **österreichischen Besatzung** stammenden **schmucken Pavillon** befindet sich das parkeigene Kaffeehaus. Der Illy-Flagshipstore verwöhnt mit ausgezeichneten *Dolci* und *Fingerfood* und lädt zum Verweilen ein.
Caffè Illy, Giardini Reali, 30124 San Marco,
+39 041 712 579 4, www.illy.com/it-it/negozi-bar-illy/illy-caffe-venezia

VENEDIG ZUM MITNEHMEN

Glas-Artefakte mit Geschichte

Unweit der Station Salute gleich hinter dem **Sotoportego de L'Abazia** befindet sich die Werkstatt von **Giorgio Nason**, der seit 1991 zeitgenössischen („contemporary") Glasschmuck nach traditionellen Methoden des 14. Jahrhunderts designt. Der Glasmeister stammt aus der berühmten *Nason-Glasbläser-Dynastie*, deren Geschichte sich bis zu Bartolomeo Nason, der im Jahr 1325 geboren wurde, zurückverfolgen lässt. Bei seiner verblüffenden Technik biegt und dehnt Giorgio Nason erhitzte Glasstäbe, aus denen er kunstvolle, farbintensive Artefakte herstellt, die durch die Geradlinigkeit des Designs bestechen. Dem Meister kann man auch bei der Herstellung seiner kleinen Kunstwerke über die Schulter schauen, da sich der Arbeitstisch inmitten des kleine Geschäftslokales befindet.

Giorgio Nason, Calle del Bastion, San Gregorio, Dorsoduro 167,
30123 Dorsoduro, +39 041 523 942 6, keine Website

CA' DARIO
I hope I die before I get old …

Dass der durch die 1908 entstandene Serie Claude Monets weltberühmt gewordene **Palazzo Dario** (Haltestelle Salute) nicht gerade zu den Glücksbringern der venezianischen Geschichte zählt, ist mittlerweile allgemein bekannt. Einige Veröffentlichungen zu dem **angeblichen Fluch**, der sich seit Jahrhunderten wie ein dunkler Mantel über diese geschichtsträchtigen Mauern legt, haben sich in den letzten Jahren ausführlich mit diesem Thema beschäftigt. Zahlreiche Besitzer und Bewohner des Palazzos fanden ein gewaltsames oder zumindest nicht alltägliches Ende oder wurden nach einem Aufenthalt im Palazzo Dario um ihr weltliches Eigentum gebracht und gingen bankrott.

Als eines der letzten „Opfer" des Dario-Fluches gilt der Musikproduzent, Plattenlabel-Eigner und quasi Erfinder der britischen Rockband **The Who**, Christopher „Kit" Lambert. Trotz seiner offen ausgelebten Homosexualität wurde ihm in venezianischen Kreisen eine Affäre mit der Quasi-Nachbarin **Peggy Guggenheim** (1898–1979) nachgesagt. Lambert, der sich in Venedig mit „Baron Lambert" ansprechen ließ, war bis 1978 Eigentümer des verwunschenen Gemäuers. Drei Jahre später forderte der hedonistische Lebensstil inklusive exzessivem Drogenkonsum seinen Tribut und im Alter von nur sechsundvierzig Jahren fuhr „Baron Lambert" in den Rock-'n'-Roll-Himmel auf. Er verstarb an den Folgen einer Hirnblutung, nachdem ihn ein Drogendealer wegen einer unbeglichenen Schuld über die Treppen geschubst hatte. Auch **John „The Ox" Entwistle**, nicht minder exzentrisches, legendäres Bassmonster von The Who und **erster Elektro-Bassist** der Rock-Geschichte, wird ebenfalls mit dem Fluch des Palazzo Dario in Verbindung gebracht, in dem er für eine kurze Zeit wohnte. Ihn ereilte nach seinem Aufenthalt der klassische Rock-'n'-Roll-Tod in einer Las Vegas-Suite mit reichlich kolumbianischem „Marschierpulver" (Kokain) in der Blutbahn und einer Stripperin an seiner Seite. Zurzeit steht der Palazzo aufgrund von Umbauarbeiten wieder einmal leer und die Anhänger der großen Fluch-Theorie, die die Inschrift an der Fassade des Palazzos *Urbis Genio Joannes Dario* (John Darius' Stadt des Genies) als **Anagramm** für *Sub Ruina insidiosa genero* (Unter einem heimtückischen Gesetz) interpretieren, reiben sich in erwartungsvoller, morbider Vorfreude bereits die Hände.

Der fluchbeladene Palazzo Dario befindet sich in unmittelbarer Nachbarschaft zur Ca' Venier dei Leoni.

CA' VENIER DEI LEONI
Mit Belladonna in den Augen und einer dicken Boa um den Hals

Nicht nur der Palazzo Dario hat seinen Bewohnern und Besitzern viel Unglück beschert. Der in unmittelbarer Nachbarschaft erbaute **Palazzo Venier dei Leoni**, der durch die Kunstmäzenin **Peggy Guggenheim** (siehe S. 53) und deren in seinen Mauern befindlichen Nachlass nach wie vor zu einem der meistbesuchten Ziele in Venedig zählt, hielt nicht viel Gutes für seine Besitzer in petto.

Binnen weniger Jahre nach dem Tod von **Maria Venier**, der letzten Besitzerin aus der Patrizierfamilie Venier, mutierte das Gebäude zu einem mit Efeu überwachsenen, verwunschenen *Lost Place* an einem der prominentesten Plätze des Canal Grande.

Eine der tragisch endenden Eigentümerinnen des **Palazzo Venier dei Leoni** war **Luisa Casati** (1881–1957), eine junge Dame mit österreichischen Wurzeln, die gemeinsam mit ihrer Schwester Francesca nach dem frühen Tod ihrer Eltern, den Textilindustriellen Alberto Amman und Lucia Bressi, plötzlich zu einer der reichsten Erbinnen Italiens zählte. Mit 19 Jahren ehelichte sie den Marquis Camillo Casati Stampa Soncino, der im Gegensatz zu ihr zwar über kein Vermögen, dafür aber über den **Adelstitel** verfügte.

Als Inspiration und Vorbild galt der jungen Erbin die launig-exzentrische Sarah Bernhardt, eine polarisierende französische Schauspielerin, die ihre Rollen im Sarg lernte bzw. in selbigem schlief und ein **Bestiarium exotischer Tiere** in ihrer Wohnung hielt. Casati sah sich auch als Reinkarnation der nekrophilen **Gräfin von Castiglione**. Die Mätresse Napoleons III. war eines der ersten Fotomodelle der noch jungen Geschichte der Fotografie und bekennende Nekromantikerin, die Körperteile ihrer verschiedenen Liebhaber bzw. diese im Ganzen im Schrank lagerte.

Marchesa Luisa Casati nahm, wie auch die Gräfin von Castiglione, an Séancen teil und vertiefte sich in okkult-morbiden Ritualen. Ihre Haare ließ sie sich im Eingedenk der roten Haarpracht Sarah Bernhardts feuerrot färben und in ihre Augen träufelte sie das aus der Tollkirsche gewonnene Pflanzengift Belladonna, um ihre Pupillen zu weiten und um ihrem Blick, für den sie später berühmt wurde, mehr Ausdruckskraft zu verleihen. Ein Schönheitskniff, den sie aus der Zeit des Barocks übernahm, in der stechend-schwarze Augen als chic galten.

Für den italienischen *Fin de Siècle*-Dichter Gabriele D'Annunzio, mit dem sie eine Liaison hatte und der sie auch überredete, nach Venedig zu ziehen, war sie die Muse schlechthin. D'Annunzio gilt seit der Besetzung Fiumes (Rijeka) und der Ausrufung eines Freistaates von September 1919 bis Dezember 1920 noch immer bei vielen Italienern als Nationalheld.

In ihrem Garten hielt die spleenige Marchesa eine Menagerie aus exotischen Vögeln mit gefärbten Flügeln, Raubkatzen und eine armdicke Boa constrictor, mit der sie sich gerne in der Öffentlichkeit zeigte. Mit einem Leoparden an einer mit Diamanten besetzten Leine, begleitet von einem als afrikanischer Sklaven verkleideten, dunkelhäutigen Diener, streifte sie durch die Gassen von Venedig. Berühmt in der gehobenen venezianischen Gesellschaft wurde die Comtessa allerdings für ihre mondänen und aufwendig inszenierten Feste, mit denen sie die feierwütige Gesellschaft

in der Lagunenstadt beeindruckte. Als exzentrisch fackelschwingende und Rosen verteilende Gastgeberin, gekleidet in noch nie vorher gesehenen, surrealen textilen Kreationen, versetzte sie auch die **Modewelt** in Staunen. Mit ihrem Credo **„Ich will ein lebendiges Kunstwerk sein“** gab sie nicht nur im Palazzo Venier dei Leoni rauschende, dekadente Bälle und Feste für die reichen Venezianer und Besucher. Sie bespielte auch den ganzen Markusplatz mit ihren dekadenten Festivitäten, wobei eine mit Seidenbändern verbundene Menschenkette aus in Samt gewandeten Dienern den feiernden Adel vom gewöhnlichen Volk abschirmte.

Nachdem sie aufgrund ihres extravaganten Lebensstils ihr Vermögen durchgebracht hatte und ihre Besitztümer zwangsversteigert wurden, lebte die Marchesa abwechselnd in Frankreich und Italien. Als sie sich in London niederließ, war ihre finanzielle Not so groß, dass sie ihre ikonisch-eindrucksvollen Augen, die in unzähligen Porträts und Fotos weltberühmter Künstler wie **Man Ray** gehuldigt und für die Ewigkeit festgehalten wurden, statt mit dem Kajalstift mit schwarzer Schuhpasta umranden musste. Bis zu ihrem Tod 1957 lebte die Marchesa Luisa Casati von Zuwendungen jener Künstler, die sie einst porträtierten. Über einhundertdreißig Fotos und Bilder ihres Konterfeis befanden sich in der Sammlung der Marchesa. Verarmt und einsam wurde sie gemeinsam mit ihrem Hund auf dem Brompton Cemetery in London beerdigt.

~ An der Haltestelle Accademia steigen drei Damen zu, die sich unmittelbar vor mir niederlassen und deren schwere Parfümierung mir und den restlichen Passagieren fast die Sinne raubt. Die zusammengefalteten Schirme, von denen das Wasser tropft, haben sie zu ihren Füßen auf dem Boden abgelegt. Gleichzeitig mit den Damen hat ein Kontrolleur der ACTV-Linien in Zivil das Boot geentert. Unter den wenigen Passagieren befindet sich kein ticketloser Übeltäter, und als der Jäger der vergessenen Tickets beim Verlassen des Bootes an der Station San Samuele die Kabinenschiebetür nicht ordnungsgemäß schließt, weht feuchtkalte Luft in das Bootsinnere. Ein etwa dreijähriges Mädchen presst, unbemerkt von ihrer in ein Modejournal vertieften Mutter, die Lippen an die angelaufene Fensterscheibe und bläst ihre Backen wie ein Frosch auf.

Die drei in ihre Duftwolke gehüllten Damen reden über den *Flashmob*, der vor einigen Tagen vor dem Ospedale in Zanipolo initiiert wurde. Die geplante Schließung des Spitals konnte durch die medienwirksame Initiative der zu Hunderten erschienenen Einwohner vorläufig abgewendet werden. Ihrem Gespräch entnehme ich, dass sie ihre Arzttermine trotzdem nur mehr in Mestre wahrnehmen können, da viele Ärzte aufgrund der abgewanderten Patienten mittlerweile auch auf das Festland nach Mestre und Marghera übersiedeln.

VENEDIG ZUM MITNEHMEN

Stoffiges von einem der letzten seines Standes
Eines der letzten historischen Überbleibsel, der einst so zahlreichen Webereien Venedigs, die ihre Rohstoffe von den venezianischen Kaufleuten bezogen, ist die Weberei **Bevilacqua** am Campiello de la Comare. Über 3000 verschiedene Designs, die in dieser historischen Werkstatt aus feinstem Damast und Goldfäden zu edelsten Stoffen verarbeitet werden, stehen zur Disposition. Die Kunden dieses Familienbetriebes kommen aus aller Welt. Ein absoluter *Eyecatcher* ist die **antike Werkstatt**, mit den noch immer in Betrieb befindlichen Webstühlen, die Luigi Bevilacqua im Jahr 1875 von der venezianischen Zunft der Seidenmacher übernahm. Besichtigung gegen Voranmeldung möglich.
Luigi Bevilacqua. Santa Croce, 1320, 30135 Santa Croce,
+39 041 721 566, www.luigi-bevilacqua.com

VENEZIANISCHE GESCHICHTEN

Ein weiblicher Leuchtturm in der Accademia
Unter den von Männern dominierten Kunstwerken in der *Accademia* findet sich mit **Giulia Lama** (1681–1747) auch eine weibliche venezianische Künstlerin, die ebendort mit einem alttestamentarischen „Judith und Holofernes"-Motiv vertreten ist. Lama zeigt Judith vor der Ausübung ihrer Tat in fast ekstatischer Gebetshaltung vor dem unschuldig schlummernden Holofernes, den sie in Kürze enthaupten wird. Die Kreuzigungsszene am Altarbild der Kirche von **San Vidal** stammt von Giulia Lama.

CA' REZZONICO
Jazzen vor den Käselaiben

Von der Bootsstation Ca' Rezzonico kann man über die Calle del Traghetto den Campo San Barnaba und die malerische Bootswerft von San Trovaso erreichen. Aber auch eine Verbindungsbrücke führt in den Palazzo, in dem sich das **Museo del Settecento veneziano** befindet. John Ruskin, Kunsthistoriker und Verfasser des Standardwerkes „Die Steine von Venedig" (1851), hasste den **Barock-Palazzo**, aus dem einst **Papst Clemens XIII.** hervorging, und nannte seine Säulen abschätzig *Cheese Wheels* – Käselaibe – und die steinernen Löwenköpfe *stupid*. Der amerikanische Komponist Cole Porter (1891–1964), u. a. bekannt durch „Kiss me Kate" und „I've got you under my skin", mietete den leer stehenden Palast von 1923 bis 1927 für eine monatliche Summe, die heute einem Wert von rund 56.000 Dollar entspräche. Einige Male sorgte er durch seine verschwenderischen, dekadenten Partys für Gesprächsstoff in der venezianischen Gesellschaft. Bei einem dieser Feste ließ er **fünfzig Gondolieri** als Kammerdiener livriert auffahren und Seiltänzer balancierten über den Canal Grande. Ein anderes Mal sorgte Revuestar **Josephine Baker** (1906–1975) in einem mit Musikern bestückten „Jazzboot" am Canal Grande für eine viel bejubelte Tanz- und Gesangseinlage. Heute befindet sich in dem Palazzo das **Museo del Settecento veneziano** mit Deckenfresken von Giandomenico Tiepolo sowie die Sammlung von Ferruccio Mestrovich mit Kunstwerken von Tintoretto, Francesco Guardi und Alessandro Longhi und mit einer komplett ausgestatteten Farmacia „Ai do San Marchi" aus dem 17. Jahrhundert, die ursprünglich am Campo San Stin im Sestiere San Polo lag.

GUT ZU WISSEN

Museo dei Settecento Veneziano
Ca' Rezzonico, Dorsoduro 3136,
30123 Dorsoduro,
+39 041 241 010 0,
www.carezzonico.visitmuve.it

PALAZZI PAPADOPOLI
Hochzeiten mit George Clooney

Vor fünfhundert Jahren wurde dieser Palazzo (Haltestelle Ca' d'Oro) von einer Familie namens Coccina, die ihr Vermögen in der Wollspinnerei machte, in Auftrag gegeben. Sämtliche Mitglieder der Coccina-Familie wurden von dem befreundeten Maler **Paolo Veronese** (1528–1588) porträtiert und sind heute in den Staatlichen Kunstsammlungen Dresden ausgestellt. Bereits acht Jahre nach Fertigstellung musste die Familie Coccina den Palazzo an die Patrizierfamilie Tiepolo – nicht verwandt mit dem gleichnamigen Maler – verkaufen. Im Besitz der Familie Tiepolo wurde der Palazzo mit einer eindrucksvollen Bibliothek, wertvollen Bildern und Deckenfresken von Giovanni Battista Tiepolo (1696–1770) veredelt. Nachdem auch die Tiepolos bankrott gingen, wurde das Interieur zur Abdeckung ihrer Schulden versteigert.

Eine Steintafel in der Fassade des Palazzo Mocenigo (nahe dem Palazzo Rezzonico) erinnert an den spleenigen englischen Dichter Lord Byron, der hier im 19. Jahrhundert im „Il Nero" genannten Teil des Gebäudes inmitten seines Bestiariums wohnte.

Den Palazzo erwarb der Getreidehändler **Valentino Comello**, der im Jahr 1848 die Revolutionäre gegen die österreichischen Besatzer tatkräftig unterstützte und ins Exil geschickt wurde. Der Palazzo wurde vom österreichischen Baron Bartholomäus Freiherr von Stürmer in Beschlag genommen und die zurückgelassene Ehefrau Comellos, deren Ledigname **Papadopoli** war, wurde wegen revolutionärer Umtriebe für ein Jahr ins Gefängnis gesteckt. 1866 wurde die tapfere Frau vom „Befreier" **König Victor Emanuel II.** öffentlich geehrt. Die **Familie Papadopoli** war schließlich bis 1922 im Besitz des Palazzos mit eigenem Garten. Heute befindet sich eines der **exklusivsten** und **teuersten Luxushotels** der Aman-Gruppe hinter diesen Mauern. Wer über das nötige Kleingeld verfügt, kann hier die einzige Suite der Stadt mit einem Tiepolo-Deckenfresko buchen. In jüngster Geschichte sorgte der Palazzo Papadopoli für Schlagzeilen und Titelgeschichten in den weltweiten Gazetten, als der bekannteste Kapsel-Kaffee-Trinker und wahrscheinlich begehrteste Mann der Welt, George Clooney, im Jahr 2014 seine Hochzeit mit der Anwältin des Wikileaks-Gründers Julian Assange, Amal Alamuddin, zelebrierte.

GUT ZU WISSEN

Spaziergang am Canal Grande

An der **Riva del Carbon** bietet sich eine der wenigen Möglichkeiten, um entlang des Canal Grande zu flanieren. Dementsprechend groß ist die Fußgängerdichte bei Schönwetter. Die Aussicht auf die Rialtobrücke und die verspielten Fassaden entlang des Kanals zeigen Venedig selbst bei geöffneten Himmelsschleusen in seiner ganzen Schönheit und Farbenpracht.

VENEDIG ZUM MITNEHMEN

Kuschelige Hausschlapfen à la Veneziana

Im Piedàterre, nur einen Steinwurf von der **Ponte Rialto** entfernt, gibt es die Luxusversion der über zweihundert Jahre alten *Furlane*. Dabei handelt es sich um eine Art Edel-Espadrillos, deren Sohlen ursprünglich aus alten Fahrradreifen hergestellt wurden. Im **Piedàterre** wird das auch bei *Gondolieri* wegen seiner Rutschfestigkeit beliebte Schuhwerk mit bunten Stoffen veredelt und im zeitgemäßen Design angeboten. Die Rohstoffe stammen zu hundert Prozent aus Italien und auch die Verarbeitung liegt fest in italienischen Händen.

Piedàterre, Rialto 60, 30125 San Polo, +39 041 850 657 4,
www.piedaterre-venice.com

PALAZZO DEI CAMERLENGHI
Derbe Fresken am Schuldenturm des Rialto-Markts

Erbaut im Zeitraum zwischen 1525 und 1528 beherbergte dieser strategisch wichtig gelegene **Renaissance-Palazzo** neben der Rialtobrücke (Haltestelle Rialto) ursprünglich **dei Camerlenghi**, den Vorläufer der bis heute hier untergebrachten Finanzprokuratur. Hier konnten zahlungsunfähige Schuldner der Einfachheit halber gleich in ungastlichen Zellen im Erdgeschoß eingekerkert werden. Diese dienten als **abschreckendes Beispiel** für Kaufleute und Bürger, deren Weg zum Markt hier vorbeiführte, denn je nach Tidenstand war es dort zumindest feucht, wenn nicht gar überschwemmt. Dem aufmerksamen Betrachter fallen zwei in die **Fassade** gemeißelte **Steinskulpturen** ins Auge, mit denen ebenfalls eine **venezianische Legende** verbunden ist. Sie bezieht sich auf die über Dekaden andauernde und immer wieder verschobene Fertigstellung der steinernen Rialtobrücke, so wie wir sie heute kennen. Eine dreibeinige satyrähnliche Figur, deren mittleres Bein ein überdimensionales, mit Nägeln gespicktes Gemächt darstellt, wogegen die Vagina des weiblichen Pedants über eine entflammte Geburtsöffnung verfügt, zeigen – gewandet in einem obszönen venezianischen Spruch, der sich leider nicht wirksam ins Deutsche übersetzen lässt –, was passieren soll, falls die Brücke je vollendet werden sollte.

Unmittelbar hinter der Rialtobrücke vor dem **Palazzo dei Camerlenghi** versperrt ein Boot der *Vigili del Fuoco* (Feuerwehr) die Fahrrinne. Auf dem Canal bildet sich binnen Minuten ein massiver Rückstau. Fast eine halbe Stunde kommt der komplette Bootsverkehr zum Erliegen, bis unter den erwartungsvollen Blicken der immer zahlreicher werdenden Zuschauer ein Feuerwehrtaucher in einem grauen Neoprenanzug aus den Tiefen des Canals einen Gegenstand birgt. Es handelt sich um das siebenzackige *Ferro di Prua*, das Bugeisen einer *Gondola*, das sich gelöst hatte und nun unter dem Beifall der Menge dem glücklichen *Gondoliere* übergeben wird. Eine kleine Meisterleistung, wenn man bedenkt, dass die Sicht unter Wasser maximal zehn Zentimeter beträgt. Während der Wartezeit beginnt der Himmel aufzuklaren. Innerhalb weniger Augenblicke verjagt der *Scirocco* die dichten Wolken in Richtung offenes Meer. Endlich zeigt sich die Sonne.

An der **Station Rialto Mercato** verlasse ich das Boot und begutachte das reichhaltige Tagesangebot. Über die *Erberia* (Kräutermarkt) und die *Pescheria* (Fischmarkt) hallen die Kirchenglocken der umliegenden Gotteshäuser. Zwischen mit Fischköpfen verzierten Säulen, die von Lovecraft'schen „Dagon"-Epen inspiriert scheinen, wartet ein Schwarm merkwürdig stiller Möwen in geduldiger Eintracht auf die Tagesabfälle der Händler. Nach einem kleinen Bummel durch die umliegenden *Calli*, treibt mich der Hunger in eines der zahlreichen *Bacari*. In der zu jeder Tageszeit gut frequentierten **„Osteria All'Arco"**, eine familiär geführte Bastion der venezianischen *Bacaro*-Kultur, stille ich den mittäglichen Hunger mit feinster *Sopressa*, cremiger *Baccalà* und mariniertem Oktopus, bevor ich mich zur nächsten Etappe meiner Canal-Grande-Reise aufmache. Während ich auf das Boot warte, werde ich noch Zeuge einer skurrilen Tanzeinlage.

Oben: Bei steigendem Pegel stehen die ehemaligen Arrestzellen im Palazzo dei Camerlenghi zur Hälfte unter Wasser.

Unten: Von dieser Steinskulptur leitet sich eine venezianische Legende ab.

Nane de Venezia vulgo Nane dea Sacca ist eines der letzten wenigen Originale der Stadt. Das kleine zerbrechliche Männchen mit seiner alles übertönenden Stimme ist vor allem rund um die **Piazza San Marco** tätig. Mit wieselflinken Tanzschritten, die man seinen krummen Beinen gar nicht zutrauen würde, gibt er Gesangs-, Tanz- oder Karateeinlagen zum Gaudium der Umstehenden zum Besten. Heute intoniert Nane, der im bürgerlichen Leben Gianni heißt, lautstark den Bob-Marley-Klassiker „Jamming", dessen Reggae-Beat er mehr schlecht als recht mit seinem eigenen lautmalerischen Text und einer Mischung aus Karatekicks und Tempelhüpfen unterlegt. Seine goldenen Ohrringe wackeln dabei wild im Takt, der Applaus ist frenetisch.

VENEDIG SCHMECKEN

Gut besucht bis proppenvoll
Originell präsentierte *Cichetti* mit zum Teil ausgefallenen Fisch- und Gemüsespezialitäten abhängig vom Tagesangebot des nahe gelegenen Markts.
Bar All'Arco, Calle Arco 436, 30125 San Polo,
+39 041 520 566 6, keine Website

Institution des guten Geschmacks
Die **„Antica Drogheria Màscari"** ist seit mehr als fünf Dekaden eine unangefochtene Institution in Sachen Gewürze, Balsamico-Essige, Trüffel, Marmelade und andere kulinarische Gaumenschmeichler, die einem das Wasser im Munde zusammenlaufen lassen. Das älteste Spezialitätengeschäft der Stadt offeriert neben heimischen auch Delikatessen aus aller Welt. Teefreunde können sich über ein sorgfältig selektioniertes Angebot freuen, und wer gerade einen Zahn auf *Dolcis* hat, wird hier garantiert fündig. Äußerst kompetenter Service.
Antica Drogheria Màscari, Ruga dei Spezieri 381, 30125 San Polo,
+39 041 522 976 2, www.imascari.com

Streetfood à la Veneziana
Das mit acht Jahren noch relativ junge „WEnice – Fresh Food & Take Away" direkt am Fischmarkt von Rialto offeriert venezianisches *Streetfood*, das hungrige Mägen gleich im Stehen genießen oder mitnehmen können. Die reichhaltige Auswahl reicht von schmackhaften Fischhäppchen (*Capesante gratinate, Branzino Forno, Lasagna al Ragù di Pesce*) bis zu vegetarischen Gerichten (*Insalata di Riso Nero con Verdure e Feta Greca, Parmigiana di Melanzane*). Die Lieferzeit vom benachbarten Fischstand für die im Mittagsgewusel gerade ausverkauften *Gamberetti* beträgt nicht einmal eine halbe Minute. Frischer geht es nicht! Im Durstlöscher-Regal finden sich fruchtige Bio-Artisan-Limonaden, eine feine Auswahl an günstigen Flaschenweinen sowie diverse hippe Craft-Biere aus der Umgebung.
WEnice, Calle de le Beccarie O Panataria 319, 30125 San Polo,
+39 041 822 029 8, www.wenice.it

VENEDIG ZUM MITNEHMEN

Vom Comic zum Kunstband

In der **Calle de le do Spade**, in unmittelbarer Nachbarschaft der ehrwürdigen „Cantina do Mori", das womöglich bekannteste *Bacaro* der Stadt, gibt es einen kleinen **Krimskramsladen** unter dem Signet „Calle della Pace", der sein komplettes Sortiment auf dem Gehsteig feilbietet. Von weißen Snakeskin-Cowboy-Boots bis zur längst vergriffenen **Lucky Luke-Ausgabe** findet sich so ziemlich alles, was das Sammlerherz begehrt. Hier erstand ich einen wunderschönen Kunstband mit dem klingenden Titel „Guerriero del Vetro" (Glaskrieger), in dem die Kunstwerke Ermanno Nasons, einem weiteren Spross der weitverzweigten Glaskünstler-Familie und Vorfahre Giorgio Nasons, abgebildet sind (siehe S. 27).

IM ANGESICHT DER SONNE von Rialto bis zur Piazzale Roma

Kulinarisch gestärkt und hocherfreut über den unvermuteten und vom elektronischen Wettervorhersagegott unangekündigten Sonnenschein warte ich umringt von prall gefüllten Einkaufstaschen und vollen Einkaufskörben meiner Mitpassagiere auf das nächste Vaporetto der Linie 1 in Richtung **Piazzale Roma** zum zweiten Teil meiner Kanalfahrt. Das Duftpotpourri aus den Küchen der umliegenden Osterien folgt dem Boot bis zur Mitte des Canal Grande hinaus. Ich bleibe auf dem Deck stehen und lasse mich von der Mittagssonne in der Nase kitzeln.

CA' BOLLANI Wo Tizian und 007 verkehrten

An der Ecke zum Rio San Giovanni Crisostomo mit Blick auf den Rialtomarkt liegt der schmale Palazzo Bollani in dem **Pietro Aretino** (1492–1556) über zweiundzwanzig Jahre wohnte und wo er auch den Großteil seiner **polarisierenden Werke** und über 3000 Briefe niederschrieb. Auf der Gästeliste des hedonistischen Dichters und Polemikers fanden sich illustre Namen der Serenissima wie der Dichter Pietro Bembo, der im Dienst des Papstes stand, ohne je ein geistliches Gelübde abgelegt haben. Pietros Vater Bernardo Bembo gehörte sogar dem **Rat der Zehn** an. Auch der Maler Tizian und eine der berühmtesten und schönsten Kurtisanen der Stadt, Angela del Moro, die in **Tizians Meisterwerk „Zaffetta"** zu Unsterblichkeit gelangte, verkehrten im Ca' Bollani.

„Sonetti lussuriosi“ (1524) hieß eine schweinigelnde Sammlung von Sonetten, die Aretino zu **pornografischen Kupferstichen** des Renaissance-Künstlers Marcantonio Raimondi verfasste. Aretino soll an einem Schlaganfall gestorben sein, der durch einen Lachanfall aufgrund eines schmutzigen Witzes ausgelöst wurde. In einer anderen Version (zu Venedigs Geschichten gibt es immer mehrere Versionen) soll er bei seinem Lachanfall vom Stuhl gefallen und sich dabei den Hals gebrochen haben. James-Bond-Fans werden den Palazzo sofort wiedererkennen, denn für den Streifen „Casino Royale“ ließ das Filmteam den Palazzo Bembo tricktechnisch in eindrucksvollen Bildern in den Fluten des Canal Grande versinken.

VENEDIG SCHMECKEN

(K)ein Geheimtipp

Bei der Osteria „La Zucca“ handelt es sich schon lange nicht mehr um einen Geheimtipp. Eher um eine venezianische Institution, die schon seit Jahren **kulinarisch fest im Sattel** sitzt. Auf der Karte finden sich originelle (vegetarische) Gerichte mit exotischen Einsprengseln, die durch die Verwendung allerbester Zutaten punkten. Eine feine Weinauswahl kleiner, unbekannter Produzenten, das **kuschelige Ambiente** mit Blick auf den vorbeifließenden Rio del Megio und ein engagiertes, kompetentes Personal machen jeden Besuch zu einem kleinen Erlebnis.
La Zucca, Calle dello Spezier 1762, 30135 Santa Croce,
+39 041 524 157 0, www.lazucca.it

Laut, voll, erdig, authentisch

Auf der gegenüberliegenden Seite des Rio del Megio befindet sich mit der „Trattoria Al Ponte del Megio“ sogleich eine weitere **kulinarische Institution**. Auf der Speisekarte finden sich alle fleischigen (*Fegato*) und fischigen (*Seppie in Nero*) Klassiker der venezianischen Küche, die hier in ausgezeichneter Qualität ohne viel Firlefanz auf den Tisch kommen. Zum Mittagstisch findet sich hier vor allem die arbeitende Bevölkerung ein.
Trattoria Al Ponte del Megio, Calle Large 1666, 30135 Santa Croce,
+39 041 719 777, keine Website

CA' TRON
Intrigen, Dogenhörner und ein erleuchteter Hochstapler

Wo heute die Stadtplanungsfakultät der Università di Venezia ihren Sitz hat, fochten die Besitzer einst Liebesdramen und Intrigen aus, bei denen sich die zerstrittenen Parteien sogar in Form dramatischer Theaterdarbietungen *coram publico* verunglimpften. Diese öffentlich von seiner Frau **Caterina Dolfin** (1736–1793) geführten Diffamierungen kosteten den „El Paron" genannten Andrea Tron sogar die **Wahl zum Dogen**, dem wichtigsten Amt der Serenissima, das im 15. Jahrhundert schon einmal von einem Familienmitglied besetzt gewesen war.

Nun sollte sich in Venedig der Spruch halten: „Das Horn [die Kopfbedeckung des Dogen hat die Form eines Hornes], welches ihm vom Staat verwehrt wurde, setzte ihm seine Frau auf." Caterina Dolfins bildhübsche extrovertierte Schwägerin und Ehefrau von Andreas Bruder Francesco Tron, hielt bereits im zarten Alter von siebzehn Jahren im **Ca' Tron** (Haltestelle S. Stae) illustre Salons ab, bei denen sogar ein gewisser Giuseppe Balsamo (1743–1795), der Nachwelt besser bekannt als **Graf von Cagliostro**, verkehrte. Cagliostro ging als einer der größten Hochstapler des 18. Jahrhunderts in die Geschichte ein. Mit seinen okkulten Ritualen nutzte er die Gutgläubigkeit einiger Adeliger und gründete seine eigene **Freimaurerloge**, in der auch das weibliche Geschlecht Aufnahme finden sollte. Nach seiner Verhaftung in Rom konnte er einem Todesurteil durch eine Aussage entgehen, in der er sich selbst als durch die Illuminaten irregeleitet darstellte. Sein Urteil wurde in eine **lebenslange Haftstrafe** umgewandelt. Giuseppe Balsamo verstarb nach sechs Jahren im Gefängnis der Festung von San Leo in der Nähe von San Marino.

Eine Institution in der venezianischen Osteria-Landschaft: Mit Blick auf den Rio del Megio lässt es sich im „La Zucca" ausgezeichnet speisen.

Gleich hinter der Chiesa San Geremia befindet sich die ehemals mondäne Ca' Labia, in der heute die italienische Rundfunkanstalt RAI ihren Sitz hat.

CA' MARCELLO ALLA MADDALENA
Anonimo Veneziano und ein Konzert für Oboe und Orchester in D-Moll

An der linken unteren Seite der Fassade dieses Palazzos (Haltestelle S. Marcuola) aus dem 15. Jahrhundert befindet sich eine Gedenktafel, die an den Barock-Musiker Benedetto Giacomo Marcello (1686–1793) erinnert, der hier das Licht der Welt erblickte und nach dem auch 1876 das Konservatorium Venedigs, das **„Liceo Musicale e Società Benedetto Marcello"**, benannt wurde. Marcello gelangte in den 1970er Jahren unvermutet zu spätem Weltruhm, als ein **Adagio** aus einem ihm zugerechneten Werk im romantischen Soundtrack des Films „Anonimo Veneziano" verarbeitet wurde. Die von Stelvio Cipriani, dem Meister des italienischen B-Movie-Soundtracks, komponierte Filmmusik wurde in Taormina mit dem ältesten italienischen Filmpreis „Nastro d'Argento" ausgezeichnet. Erst später stellte sich heraus, dass besagtes Adagio von Marcellos älterem Bruder Alessandro stammte. Anfang des vorigen Jahrhunderts bezog ein gewisser Frederick William Rolfe, auch bekannt unter dem Namen **Baron Corvo** (siehe S. 16), Quartier im **Dachgeschoß des Palazzos**. In seinen Wohnräumen, die er umgehend mit kardinalsroten Draperien auslegte, ließ er mit einem Bischofskreuz um den Hals seinen exzentrischen, homoerotisch angehauchten Mal-, Foto- und literarischen Fantasien freien Lauf. Nach dem Ableben Rolfes soll ein Großteil seines Nachlasses ob seiner Obszönität vom britischen Konsul höchstpersönlich im Canal Grande versenkt worden sein.

CA' LABIA
Die Party des Jahrhunderts

Erbaut wurde die mit **prunkvollen Fresken** von Giovanni Battista Tiepolo geschmückte Ca' Labia (Haltestelle Ferrovia) von der venezianischen Patrizierfamilie Labia. Prominent an der Einmündung des Canal di Cannaregio gelegen, ist sie seit den 1980er Jahren des vorigen Jahrhunderts im Besitz der öffentlichen Rundfunkanstalt Italiens RAI. Bei den **exzessiven und verschwenderischen Festen** der Familie Labia wurde goldenes Geschirr und Tafelsilber mit dem Spruch *L'abia o no l'abia, sarò sempre Labia* – Ob ich es habe oder nicht habe, ich werde immer ein Labia sein – bei den Fenstern hinausgeworfen. Mit strategisch platzierten Netzen im Canal Grande wurde das Geschirr dann heimlich wieder von den Bediensteten aus dem Wasser gefischt. Ein vor dem Palazzo explodiertes Munitionsschiffs zog während des Zweiten Weltkriegs den Palazzo und die Tiepolo-Fresken schwer in Mitleidenschaft. Drei Jahre dauerten die kostenintensiven Renovierungsarbeiten durch den neuen Inhaber **Charles de Beistegui**, ein mexikanischer Kunstsammler und Multimillionär. Zeitgleich mit der Eröffnung der **Biennale 1951** feierte der neue Eigentümer die Wiedergeburt des Ca' Labia mit dem *Le Bal Oriental*, bei dem die Crème de la Crème der High Society maskiert und kostümiert in den wiedereröffneten Sälen tanzte. Auf der Gästeliste dieses Gesellschaftsevents befanden sich Prinzen, Prinzessinnen, Grafen, Barone, Staatsführer und geistliche Oberhäupter wie Aga Khan, aber auch Berühmtheiten des kulturellen Lebens wie Orson Welles, Nina Ricci, Salvador Dalí oder Christian Dior. Dalí und Dior designten gegenseitig ihre Kostüme und Christian Dior begründete seine Karriere bei diesem Ereignis, für das er dreißig weitere Kostüme entwarf. Der Kostümbildner und Oscarpreisträger Sir Cecil Beaton („My Fair Lady") hielt den in seiner Opulenz schon fast surreal anmutenden *Le Bal Oriental* fotografisch für die Nachwelt fest. Der Hausherr Charles de Beistegui empfing seine Gäste in einer scharlachroten Robe mit gepuderter Perücke, wobei er seine natürliche Größe von ursprünglich 167 Zentimetern mithilfe von Plateauschuhen um eindrucksvolle vierzig Zentimeter erhöhte. In die Gesellschaftsspalten der internationalen Presse sollte dieses pompöse Fest als **Party des Jahrhunderts** eingehen.

VENEZIANISCHE GESCHICHTEN

Heilige Lucia

Hinter dem Palazzo Labia liegen im dem Canal Grande zugewandten Kreuzarm der Kirche San Geremia (Haltestelle Ferrovia, siehe S. 16) die Gebeine der **Märtyrerin Lucia**. Ursprünglich waren diese in der beim Kirche Santa Lucia zur Ruhe gebettet, die jedoch dem Bahnhof weichen musste.

PIAZZALE ROMA
Transitraum und Kraftort am Ende der Stadt

Für das Gros der Venedig-Besucher ist die geschäftige und stets von Lärm erfüllte Piazzale Roma mit seinem Parkhaus, den Bus- und Tramstationen einfach ein **Ort der Ankunft**, von dem aus sie die Stadt erkunden. Nicht so für den aus Slowenien stammenden **Geomantie-Experten Marko Pogacnik**, der die Stadt in einem Zeitraum von über dreißig Jahren nach geomantisch-energetischen Aspekten erkundete. Für ihn zählt die hinter dem Parkhaus liegende, durch den Canal de Santa Chiara von der Piazzale Roma getrennte ehemalige **Klosterinsel Isola Santa Chiara**, auf der sich heute der Sitz der *Questura* (die Polizeibehörde) befindet, zu einem der **wichtigsten Kraftorte** der Lagunenstadt. Zieht man über den fischförmigen Stadtplan Venedigs mit dem Bleistift ein Viereck mit den Eckpunkten **Isola Santa Chiara**, der Friedhofsinsel **San Michele**, der Kathedrale **San Pietro di Castello** auf der Insel Olivolo sowie der **Chiesa del Santissimo Redentore** auf der Giudecca, kreuzen sich die beiden Diagonalen des Viereckes genau über der **Rialtobrücke**. Laut seiner Theorie bildet diese den *Omphalus* (Nabel) der Stadt, von dem seit Jahrhunderten ihr energetisches Kraftfeld ausbalanciert wird. Die in den letzten Jahrzehnten neu entstandenen Viertel rund um die Isola Olivolo, Sant'Elena sowie die Parkhausinsel Tronchetto „belasten" laut seiner Theorie die Stadt im Gegensatz dazu wie „moderne Metastasen".

Durch den Bau des **People Mover**, einer futuristischen Schwebebahn zwischen der Parkhausinsel **Tronchetto**, der Piazzale Roma und der Ansiedlung des neuen Justizgebäudes auf dem Gelände einer ehemaligen Tabakfabrik, erfuhr die seit Jahren stark vernachlässigte Gegend rund um das Parkhaus zumindest ein klein wenig Aufwertung.

GUT ZU WISSEN

Resteverwertung

Die Fassade der **Chiesa del Nome di Gesù** gegenüber der Questura wurde zum Teil aus den Resten der 1807 unter Napoleon abgerissenen Fassade der Kirche **San Geminiano** erbaut. Ein im Boden eingelassener Gedenkstein vor dem Eingang des **Museo Correr** erinnert an den ehemaligen Standort. Neben dem Kircheneingang hat die lokale Zweigstelle der Caritas ihren Sitz.

Der futuristisch anmutende *People Mover* verbindet seit über zehn Jahren die Parkhausinsel Tronchetto mit der Piazzale Roma.

Wendemanöver der Linie 1, bevor sich das Boot wieder auf den Weg über den großen Kanal in Richtung Lido aufmacht.

~ An der Endstation Piazzale Roma gehe ich wieder an Land und schaue im Schatten des Parkhauses dem Vaporetto beim 180-Grad-Wendemanöver zu, bevor es sich auf den Rückweg macht und in Richtung Lido abdampft oder besser gesagt abdieselt. Der Rückweg über die **Ponte della Costituzione** in Richtung **Santa Lucia** bleibt mir verwehrt, da sich seit Kurzem die im Boden eingelassenen Glassegmente aufgrund der Schwingung zu lösen beginnen und Venedigs teuerste, dafür aber am wenigsten nutzbare Brücke wieder einmal bis auf Weiteres gesperrt ist. Vielleicht mein Glück, denn die Stadt muss sich mittlerweile mit über 5000 Entschädigungsforderungen gestürzter Passanten auseinandersetzen. Die gläsernen Brückenstufen vertragen leider kein Streusalz. Der für die Planung verantwortliche und eigentlich als Brückenspezialist geltende spanische Architekt Santiago Calatrava soll in Dubai in Kürze das höchste Bauwerk der Welt errichten. Da der gute Mann nicht einmal in der Lage zu sein scheint, eine neun Meter hohe, funktionstüchtige Brücke zu errichten, darf man auf das Ergebnis gespannt sein.

Über der **Isola Santa Chiara** verdunkelt ein von einem Schiffssignalhorn aufgeschreckter Krähenschwarm den winterblauen Himmel. Wie von einer unsichtbaren Hand gesteuert, schlagen die Vögel einen scheinbar willkürlichen Zickzackkurs ein, der formvollendet den S-förmigen Verlauf des Canal Grande auf dem Firmament nachzeichnet.

VENEZIANISCHE GESCHICHTEN

Stadt der Brücken

Noch heute halten *Gondolieri* und Bootsleute kurz inne, um bei der *Madonna dei Gondolieri* an der dem *Bacino* zugewandten Seite der **Ponte della Paglia** ein Kreuz zu schlagen. Die Ponte della Paglia ist eine der statistisch höchstfrequentierten Brücken der Stadt. In den Wintermonaten gibt es auch untertags seltene Momente, an denen man die Brücke ganz allein für sich hat.

Die **Ponte dei Sospiri**, eines der meistabgelichteten Motive Venedigs, liegt ob des dichten Regens heute einmal komplett verwaist und ganz friedlich. Trotz Starkregens seit den frühen Morgenstunden herrscht extremes Niedrigwasser, das sogenannte *Acqua Bassa* (siehe S. 74).

VENEDIG SCHMECKEN

Der original *Spritz Veneziano*

An der ehemaligen Produktionsstätte einer Spitzenfabrik, unweit der Ponte dei Sospiri, destillierten die **Gebrüder Vittorio und Mario Pilla** aus über zwanzig verschiedenen Kräutern und Gewürzen ein tiefrotes Wundergetränk namens Select Bitter, das am 29. Mai des Jahres 1920 offiziell registriert wurde und seitdem in Venedig als wichtigste Zutat für den original **Spritz Veneziano** verwendet wird. Die Produktion befindet sich schon lange nicht mehr an diesem Standort, doch der **Select Bitter** wird noch immer nach der geheimen Rezeptur der **Fratelli Pilla** hergestellt und ist in jeder venezianischen Weinbar zu finden. Wenn die Uhr bei Ihrem nächsten Venedig-Besuch „Spritz o'clock" anzeigen sollte, verlangen Sie einen **Spritz Select**, der stilgerecht mit einer grünen Olive im Glas serviert wird. Salute!

DAS AKUSTISCHE MULTIVERSUM
Venedig

Jedes Geräusch klingt hier wie eine ausdrucksvolle Stimme.
Gabriele D'Annunzio

Seit jeher war Venedig Anziehungspunkt für Kulturschaffende, Schreiber, Maler, Komponisten, Musiker und Künstler jedweden Genres. Die **Lagunenstadt** scheint mit der Musik ebenso untrennbar verbunden zu sein wie mit dem Wasser, auf dem das Fundament der Serenissima vor 1600 Jahren errichtet wurde. Einige historische Bauwerke wurden sogar unter Berücksichtigung der **Harmonielehre** errichtet. Zu den bekanntesten Beispielen dieser musikalisch-architektonischen Vermählung zählt die von **Andrea Palladio** (1508–1580) entworfene Fassade der Basilika auf **San Giorgio Maggiore**, die ihren vollen Zauber erst entwickelt, wenn der Sternenhimmel über der Stadt funkelt und die Stille fast greifbar scheint.

Auf meinen nächtlichen Streifzügen mit der Kamera, die mich in den letzten Jahren oft bis zum Morgengrauen quer durch ein magisches Venedig und zu den abgelegensten Winkeln der Lagune führten, war mir die von Venedig inspirierte Musik stets ein willkommener Begleiter und Inspiration für meine fotografische Arbeit. Von den speziell für die **Basilica di San Marco** komponierten Messen eines **Monteverdi**, die die Piazza in den Stunden nach Mitternacht in einem völlig neuen Licht erstrahlen lassen, bis zu den fordernden Tönen einer **Luigi-Nono-Komposition**, in der er seine Klanggebäude in einem abstrakt-dissonanten Frage-und-Antwort-Spiel über die vom Mondlicht beleuchteten Wellen des Giudecca-Kanals schickt, lernte ich, Venedig im Laufe der Zeit mit den Ohren der Komponisten zu hören.

Gerade in den kalten Jännertagen zeigt die Stadt nach Sonnenuntergang ihre wahre Pracht. Wenn die *Bora* oder die *Tramontana* die diffusen Nebelschwaden aus den Kanälen, *Calli* und *Campi* verscheuchen und wenige Lichtquellen die Gassen und Wasserwege beleuchten, scheint Venedig plötzlich wie durch Geisterhand in glasklaren, intensiven Farben zu erstrahlen. Jede noch so unscheinbare Ecke erblüht unter dem Schein von *la Luna* (der Mondin) und längst vergessene Geschichten, die im Tageslicht unter den Schritten der Vorbeieilenden für immer vergessen scheinen, **erwachen in den Winternächten** zu neuem Leben.

VENEZIANISCHE GESCHICHTEN

Der Maler **Tintoretto** vulgo **Jacopo Robusti**, über dessen eindrucksvolle Bilder man in Venedig immer wieder stolpert und dessen Zyklen in der Scuola Grande San Rocco ausgestellt sind, verwendete mehrmals auditive Elemente in seiner Malerei. Ihm wurde nicht nur eine große Liebe zur Musik nachgesagt, er soll sich neben der Malerei auch als Musiker und Erfinder von Musikinstrumenten versucht haben.

GUT ZU WISSEN

Meine wichtigsten Adressen für Musikinteressierte

Konzertgenuss in der Serenissima
In der **Chiesa di San Maurizio**, auf dem gleichnamigen Campo, befindet sich das **Museo della Musica**, wo eine Fülle historischer Musikinstrumente aus der Hand namhafter Instrumentenbauer ausgestellt ist. Vom Museo della Musica mit dem Ensemble **Interpreti Veneziani** veranstaltete Konzerte finden regelmäßig in der nahen Kirche **San Vidal** statt. Neben einem Altarbild von Vittore Carpaccio und einem Bild der Künstlerin Giulia Lama (siehe S. 106) befindet sich in dem Kirchenschiff eine im Jahr 1833 vom berühmten **Orgelbauer Bassini** gefertigte Orgel, an der im Jahr 1799 niemand Geringerer als **Ludwig van Beethoven** am Festtag des San Vidal ein Duett mit **Domenico Dragonetti** zum Besten gab.
Konzerttermine in San Vidal, Information zu Öffnungszeiten des Museo della Musica: www.museodellamusica.com

Auf den Spuren Antonio Vivaldis
In der **Chiesa Santa Maria della Pietà** an der Riva degli Schiavoni, wo **Antonio Vivaldi** (1678–1741) zuerst als Kaplan und später als Musiklehrer für Waisenmädchen tätig war, befindet sich seit 2004 ein Antonio Vivaldi gewidmetes Museum mit Originaldokumenten und Partituren aus seiner Wirkungszeit in selbiger Kirche. Aufgrund der außergewöhnlichen Akustik finden in der Kirche auch regelmäßig Konzerte mit dem Schwerpunkt Vivaldi statt.
Informationen zu Öffnungszeiten, aktuelle Veranstaltungen: www.pietavenezia.org

Die schönen Künste versammelt
Die **Chiesa San Samuele** ist eine der wenigen Kirchen Venedigs mit direktem Zugang zum Canal Grande. Das heutige Kirchenschiff wurde im Jahr 1685, erst 29 Jahre nach dem **Teatro San Samuele**, erbaut. Im benachbarten **Palazzo Grassi** werden seit dem Jahr 2006 Ausstellungen mit der Crème de la Crème aus der Welt der zeitgenössischen Kunst kuratiert.
Informationen, aktuelle Ausstellungen: www.palazzograssi.it

Glasklare Nacht mit glasklarer Musik. Mit der 6. Symphonie „degli Archi“ des venezianischen Komponisten Gian Francesco Malipiero im Ohr lasse ich mich von der Accademia aus durch die halbdunklen Gassen der verwaisten Stadt treiben.

Gratiskonzerte

Die Musikakademie Venedigs, das **Conservatorio Benedetto Marcello**, befindet sich im Palazzo Pisani hinter dem Campo Santo Stefano, wo Musikinteressierte bei freiem Eintritt in den Genuss hochqualitativer Konzerte der hier Studierenden kommen können.

Aktuelles Programm: www.conservatoriovenezia.net

Auf der **Piazza San Marco** ist nach dem Alltagswahnsinn Ruhe eingekehrt. Das Orchester des Caffè „Quadri" hat schon vor geraumer Zeit seine Instrumente verstaut. Auf dem mit einer Plane abgedeckten Konzertflügel des Orchester-Caffès sitzt eine Möwe, die ihren Kopf schief hält, als ob sie andächtig in die Stille lauschen würde. Ein nächtlicher Bautrupp verfugt gerade die von einer Überschwemmung aus der Verankerung gerissenen Marmorplatten unter den Prokurien. Am Ende der Arkaden macht sich eine alte Frau ihr Nachtlager auf einem Sessel des „Caffè Chioggia" zurecht. Ihr ganzes Hab und Gut ist in einer zerlumpten Tasche verstaut, die zwischen ihren Beinen klemmt. Sie schläft fast jeden Tag im Sitzen in Decken gehüllt an ihrem Stammplatz mit Blick auf das Bacino San Marco. Selbst die Patrouillen der Stadtpolizei lassen sie in Ruhe. Nur bei sehr kaltem Wetter wird sie von den Uniformierten wegeskortiert und in eine Unterkunft für sozial Bedürftige gebracht.

Vor dem ehrwürdigen **Hotel Danieli** (ehemals **Palazzo Dandolo, Gritti, Bernardo, Mocenigo**) verweile ich und lausche dem von Claudio Monterverdi komponierten Madrigal „Il combattimento di Tancredi e Clorinda", das hier zur Zeit des Karnevals im Jahre 1624 uraufgeführt wurde. Ob sich die Gänsehaut aufgrund der himmlischen Musik über meinen ganzen Körper erstreckt oder durch den warmen Scirocco, der vom Süden trockene Luft über die Stadt bringt, verursacht wird, vermag ich nicht zu beurteilen. Das ist in diesem Moment der absoluten Zufriedenheit aber auch nicht von Bedeutung.

VENEDIG SCHMECKEN

Ist einem der Wettergott hold, kommt man auch bei kühleren Temperaturen in den Genuss des weltberühmten Orchester-Caffès „Florian" oder „Quadri".
Caffè Florian, Piazza San Marco 57, 30124 San Marco,
+39 041 520 564 1, www.caffeflorian.com
Gran Caffè Quadri, Piazza San Marco 121, 30124 San Marco,
+39 041 522 210 5, www.alajmo.it/pages/homepage-grancaffe-quadri

GUT ZU WISSEN

Venedigs Teatros
Das Gros der vielen öffentlichen und privaten Teatros der Stadt Venedig ist im Laufe der Jahrhunderte niedergebrannt, wurde abgerissen oder zu Wohnraum umfunktioniert. Das **Teatro La Fenice**, das **Teatro Malibran** und das **Teatro Goldoni** sind die letzten verbliebenen großen Bühnen der Stadt.

In der **Vorweihnachtszeit** werden im Teatro Goldoni neben dem regulären Spielplan auch familienfreundliche Weihnachtsmusicals aufgeführt, während im Teatro Malibran sogar Cantautore vom Kaliber eines Luciano Ligabue die ehrwürdigen Theatermauern zum Erbeben bringen. Wobei Letzterer das märchenhafte Video für seinen Dauerbrenner „Piccolo Stella senza Cielo" (1990) im nicht weit entfernten Grätzel rund um San Francesco della Vigna abdrehen ließ.
Teatro La Fenice und Malibran: www.teatrolafenice.it
Teatro Goldoni: www.teatrostabileveneto.it/venezia

TONSPUR VENEDIG

Sanfter Einstieg
Als Einstieg in den musikalischen Kosmos von Claudio Monteverdi abseits seiner Opernkompositionen empfiehlt sich die **„Marienvesper"** (1610), eines seiner bekanntesten geistlichen Werke, das mit etwas Glück vor Weihnachten in der Basilica di San Marco zu hören ist.

DA TIZIANO
A RUBENS

EIN LAGUNENTRIP **IM ZEICHEN DES WASSERS**

VENEZIANISCHE WETTERKAPRIOLEN: VON ACQUA ALTA UND ACQUA BASSA, VON EISGROTTEN UND GEFRORENEN LAGUNEN

Seit seiner Gründung kämpft Venedig mit den oft unvorhersehbaren Auswirkungen des Wassers, dem die Stadt vor über 1600 Jahren abgerungen wurde. Neben dem *Acqua Bassa*, das an manchen Wintertagen den Bootsverkehr teilweise zum Erliegen bringt, ist vor allem das *Acqua Alta* die große Herausforderung, der sich die Lagunenstadt Jahr für Jahr stellen muss.

ACQUA ALTA
Bestandsaufnahme einer Jahrhundertflut in drei Akten

Am frühen Abend des 12. Novembers 2019 treffen in Wien die Videohiobsbotschaften meiner venezianischen Freunde im Minutentakt ein. Der Wasserspiegel in Venedig steigt binnen weniger Stunden auf einen Höchstwert von unglaublichen 187 Zentimetern, während gleichzeitig massive Sturmböen das Wasser unerbittlich durch die *Campi* und *Calli* der Stadt peitschen. Die hüfthoch überflutete Via Garibaldi gleicht einem reißenden Strom. Geschäftsportale werden durch die Wucht der Wassermassen eingedrückt. Auf Sant'Elena, dem östlichsten Zipfel der Stadt, reißt die Vaporetto-Station durch die Wucht der anbrandenden Wellen aus ihrer Verankerung und versinkt binnen weniger Augenblicke in den Fluten. Entwurzelte Bäume und armdicke Äste zeigen das erschütternde Bild eines vollkommen devastierten Parco delle Rimembranze. Wassertaxis, Transportboote und Vaporetti liegen am Ufer der Riva degli Schiavoni, einige werden sogar bis in die engen Gassen von San Marco gespült. Menschen verbarrikadieren sich panisch hinter den *Acqua Alta*-Stegen und suchen in den Arkaden des Palazzo Ducale Schutz vor den mannshohen Brechern.

Oben: Die „Armenia“ wurde auf der Klosterinsel San Lazzaro degli Armeni von den Sturmfluten aus dem Wasser gehoben und an Land gedrückt.

Unten: An der Südseite der Giudecca liegen reihenweise leck geschlagene Boote, die auf ihre Bergung warten.

Ich hole tief Luft, aber es fühlt sich an, als ob mein Kopf unter Wasser wäre. Die fast greifbare Feuchtigkeit setzt sich in den Haaren und der Kleidung fest. Selbst die Linse meiner Kamera ist von schwerem Dunst überzogen. Sämtliche Gerüche der Lagunenstadt vermischen sich zu einem undefinierbaren Konglomerat. Das Ausmaß der Zerstörung ist um ein Vielfaches schlimmer, als ich es mir in meinen dunkelsten Fantasien ausgemalt habe. Die Tore der Kirche San Cassiano sind weit geöffnet, um die Feuchtigkeit aus dem Mauerwerk zu bannen. In ihrem Inneren türmen sich die von den Fluten durcheinandergewürfelten Sessel und Kirchbänke zu einer tropfenden Pyramide. Das Schmatzen meiner Sohlen auf dem feuchten Marmorboden hallt durch das verwüstete Gotteshaus. Alles scheint unwiederbringlich zerstört. Wo sind nur all die Bewohner geblieben? Ist das überhaupt noch meine Stadt?

1. Akt: Eine Stadt geht in die Knie

Einen Tag, nachdem die dritte Flutwelle innerhalb einer Woche Venedig komplett überschwemmt hatte, sitze ich in der fast leeren Abendmaschine in Richtung Venedig.

Der Flughafen Marco Polo ist gespenstisch verwaist. Auf dem Weg zum Portal des Alilaguna Transferbootes treffe ich, bis auf einen vor sich hin pfeifenden Soldaten, der sichtlich gelangweilt mit seinen Fingern einen 120-bpm-Takt auf dem Lauf seines Maschinengewehrs trommelt, keine Seele. Die Fahrt mit dem Transferboot zur Fondamenta Nove zieht sich wie Kaugummi und dauert genauso lange wie mein zurückliegender Flug. Mit konzentriertem Blick umschifft der Kapitän im Schritttempo zerborstene Anlandestege und aus der Verankerung gerissene *Briccole*, die in der Fahrrinne treiben. Als ich das Transferboot endlich an der Fondamenta verlasse, ist jeder Atemzug körperliche Anstrengung. Wie eine bleierne Glocke hängt die dunstige Luft über der Lagune. Die Feuchtigkeit dringt aus sämtlichen Mauerritzen, aus den über die Ufer schwappenden Kanälen und aus jeder einzelnen Pore der Stadt.

Bis auf wenige Ausnahmen sind fast alle Geschäftslokale geschlossen und verbarrikadiert. Überall in den Gassen stehen vom Wasser aufgequollene Einrichtungsgegenstände, triefend nasse Matratzen, mit Schlamm überzogene Waschmaschinen und Kühlanlagen, die von der Bevölkerung und den Geschäftstreibenden kurzerhand zum Trocknen ins Freie gestellt wurden. Auf der Strada Nova werden die zerborstenen *Acqua Alta*-Stege, die quer über dem Pflaster liegen und ein Durchkommen unmöglich machen, von Anwohnern zu einem Haufen geschichtet.

Je mehr ich mich der Piazza San Marco nähere, dem tiefsten Punkt der Stadt, desto erschreckender ist das Schadensausmaß entlang des Weges. Über neunzig Prozent der Stadtfläche war in den letzten Tagen dem *Acqua Alta* ausgesetzt. Heute ertönten zum ersten Mal keine Hochwassersirenen und die Stadt scheint in einer Art Wartestellung zu verharren: Kann mit der Beseitigung der Schäden begonnen werden, oder ist in den nächsten Stunden und Tagen mit einer weiteren Sturmflut zu rechnen? Feuerwehrleute in leuchtend gelben Warnwesten biegen vor dem verschlossenen Portal der **Basilika San Marco** verkeilte Absperrgitter auseinander. Die Piazza ist fast menschenleer. Selbst den Blick von der Ponte della Paglia auf die Ponte dei Sospiri muss ich heute mit niemandem teilen.

Nachdem ich meinen Seesack im Hotel abgeliefert habe, beginne ich meine abendliche Erkundungstour über die Riva degli Schiavoni, wo sich mir ein Venedig zeigt, wie ich es noch nie gesehen habe. Der Scirocco hat wieder angefangen, leicht zu blasen. Die Klosterinsel San Giorgio Maggiore liegt in absoluter Dunkelheit, nur der bläulich schimmernde Lichtkegel eines Notscheinwerfers ragt wie ein warnender Finger in den Nachthimmel.

Ich bin vom Ausmaß der Zerstörung erschüttert und gleichzeitig fasziniert von der Kraft des Wassers, das eine Schneise der Verwüstung durch die Lagune gezogen hat. Automatisch fotografiere ich mich durch die Ecken einer verwundeten Stadt, dabei vergesse ich vollkommen die Zeit. Erst als sich der Hunger meldet, mache ich mich auf den Weg, um irgendwo auf die Schnelle einen kleinen Imbiss zu mir zu nehmen. Die Suche gestaltet sich als äußerst schwierig, da so gut wie alle Lokalitäten geschlossen halten oder mit der Reparatur der Schäden beschäftigt sind. Selbst das immer geöffnete „Caffè Florian“ sowie das Cipriani-Urgestein „Harry’s Bar“ sind mit Aufräumarbeiten beschäftigt und nicht in der Lage, Gäste zu bewirten. Schließlich werde ich unweit von San Marco in der Calle Frezzaria fündig. In der eleganten „Osteria Enoteca San Marco“ erbarmt man sich meiner auch nach Küchenschluss, und ich bekomme trotz der späten Stunde noch einen gemütlichen Tisch mit Blick auf die Gasse. Das Lokal ist bis auf den letzten Platz mit einer ausgelassen feiernden Runde deutscher Onkologen besetzt. Eine Begegnung, die surreal auf mich wirkt, angesichts der Bilder, die mich in den letzten Stunden begleitet haben. Ich lasse mich schließlich von der ausgelassenen Stimmung im Lokal anstecken und verschiebe meine Weltuntergangsgedanken bei einem völlig ungeplanten kulinarischen Höhenflug auf später. Mit Wildentenragout auf flaumig weichen Gnocchi und einem Glas Satèn Franciacorta vom Weingut Barone Pizzini plane ich die beiden wetterabhängigen Reiserouten für die morgige Lagunenfahrt. Um 4 Uhr weckt mich das durchdringende Heulen der Hochwassersirenen, welches sich mit meinen Träumen von untergegangenen Booten und feuchten Mauern vermischt. Venedig rüstet sich für einen weiteren „Land unter“-Tag.

VENEDIG SCHMECKEN

Eleganter Rettungsanker mit dem gewissen Etwas

Nur ein paar Meter von der Piazza San Marco entfernt, liegt die Edelosteria **„Osteria Enoteca San Marco“**, die mit zuvorkommendem Service, einer qualitativ hochwertigen Küche und ihrer unendlich langen Weinkarte sofort einen Platz in meinem Herzen erobern konnte. *Ravioli „Cacio e pepe“* mit schwarzer Trüffel, *Polpo alla griglia* auf Orangen-Zwiebel-Salat oder eine auf den Punkt gebratene *Fegato* zeigen, wohin die lukullische Reise geht. Beim Eingang befindet sich eine Mini-Lounge, von wo aus man das rege Treiben auf der Calle Frezzaria, slow und relaxed bei einem Gläschen Chardonnay aus dem Valle d’Aosta und 24 Monate gereiftem Parmigiano, beobachten kann.

Osteria Enoteca San Marco, Calle Frezzaria 1610, 30124 San Marco, +39 041 528 524 2, www.osteriasanmarco.it

Der Pegelstand ist wieder rückläufig und die ersten Besucher wagen sich sogleich wieder auf die Piazza.

Die ersten Sonnenstrahlen zeigen sich zaghaft über der Piazzetta San Marco, während die durchdringenden Sirenen bereits vor dem nächsten *Acqua Alta* warnen.

Oben: Die Marmorsäulen auf der Viale Giardini Pubblici wurden letzte Nacht weggespült und müssen nun in mühevoller Arbeit aus dem Wasser geborgen werden.

Unten: Auf der der Lagune zugewandten Seite des Lido wurden einige Gärten vom Wasser unterspült und sind in der Lagune versunken.

TONSPUR VENEDIG

Soundtrack für winterliche Strandspaziergänge

Heidi Berry **„Love"** (1991). Zeitloser, meditativer Folk-pop, der wie eine majestätische Kreuzung aus Marianne Faithfull, Sade und Nick Drake klingt. Ideal auch für Reisen über den Wolken.

2. Akt: *Scirrocata* und kaputte Mauern

Ein paar Stunden später treffe ich mich mit meinem Skipper Francesco auf dem Campo San Zaccaria. Sein Boot liegt an der Fondamenta de l'Osmarin vertäut, von wo wir durch den Morgennebel in Richtung **Bacino San Marco** losstarten. Aufgrund des erhöhten Wasserstandes müssen wir beim Passieren der Brücken unsere Köpfe einziehen, bei manchen ist ein Durchkommen unmöglich. Bei einigen Brücken würde nicht einmal ein unbemanntes Boot durchpassen. Wir tasten uns mit dem kleinen Außenborder entlang der Riva und nehmen Kurs auf den Lido. Von überall dringt ein Sägen, Hämmern und Bohren durch den Nebel. Bei meiner gestrigen Ankunft erschien mir die Stadt noch auf den Knien, umso überraschter bin ich vom Elan, mit dem man sich sogleich den Herausforderungen stellt. Es bleibt keine Zeit, um die Wunden zu lecken. Entlang der Riva und Sant'Elena ist bereits ein Heer von Arbeitern mit dem Wiederaufstellen umgekippter Mauern, dem Einpflanzen entwurzelter Bäume und sonstigen Reparaturarbeiten beschäftigt. Vor Sant'Elena wird gerade eine provisorische Bootsanlegestelle verankert. Noch immer ist in der ganzen Stadt der bargeldlose Zahlungsverkehr nicht möglich. Sämtliche Geldausgabeautomaten sind außer Betrieb. Auch an den Vaporetto-Stationen bleiben die elektronischen Displays dunkel. Tickets werden nicht kontrolliert, der regelmäßige Fahrplan ist außer Kraft und das anvisierte Fahrtziel, so weit der Wasserpegel das Passieren neuralgischer Brücken zulässt, wird vom Schaffner ausgerufen. Trotz des scheinbaren Chaos bleiben die Venezianer seltsamerweise ruhig und diszipliniert. Alles funktioniert mehr schlecht als recht – aber irgendwie funktioniert es.

Wir passieren mit unserem Boot **La Certosa**, wo die von der Flut umgelegte Umfriedungsmauer in einem Stück in der Wiese liegt. Auf der **Insel Vignole**, auf der mein Skipper Francesco einen eigenen kleinen Kräutergarten bewirtschaftet, wurde das Gros der Obst- und Gemüsegärten komplett weggeschwemmt. Er erzählt von dem ehernen Zusammenhalt der Venezianer. Von Elektrikern, Installateuren und Tischlern, die bei den älteren betroffenen Bewohnern ihre Arbeitskraft kostenlos zur Verfügung stellen. Einkäufe für betagte Menschen werden von den Nachbarn ganz selbstverständlich übernommen. Für die Betroffenen auf Pellestrina hat ein Unternehmer in einer Blitzaktion Herde und Waschmaschinen gespendet. Venedig rückt wieder zusammen, meint Francesco, während er eine seiner Selbstgedrehten raucht.

Sowohl die Universitätsinsel **San Servolo**, die noch immer ohne Strom ist, als auch die Klosterinsel **San Lazzaro degli Armeni** wurden stark in Mitleidenschaft gezogen. Auf beiden Inseln prägen weggefegte Mauern und völlig zerstörte Anlegestellen das Bild.

Ungläubig streiche ich mit meinen Fingern über den mit Tang und Muscheln übersäten Rumpf der „Armenia“ (siehe S. 132). Seit Jahren fristet der Dreimaster in dem kleinen Hafenbecken der Klosterinsel sein Dasein. Wie ein Fisch auf dem Trockenen liegt er vor mir. Das unerwartete Ausmaß der Zerstörung auf San Lazzaro überrascht sogar meinen Skipper, der zischend die Luft zwischen seinen Zähnen ausstößt. Bis auf ein weit entferntes Nebelhorn, dessen Ton sich durch die nebelverhangene Lagune fräst, ist die Stille auf der Klosterinsel absolut. Selbst das nie enden wollende Wellenspiel scheint verstummt.

Auf der Lagunenseite des **Lidos** sind viele der idyllischen Gärten weggebrochen und in der Lagune versunken. Francesco erklärt mir, dass der Wind in der bis zum Überlaufen gefüllten Lagune gedreht hatte und die Wogen mit voller Wucht an die Innenseite des Lidos und **Pellestrinas** brandeten. Aber auch Teile des Strandes und einige der für den Lido typischen Strandkabanen wurden ins Meer gespült. Da der vorgelagerte Lido und Pellestrina als Wellenbrecher für Venedig fungieren, ist der Schaden auf beiden Inseln entsprechend groß. Im Gegensatz zur Flut von 1966 haben diesmal die *Murazzi* im südlichen Teil Pellestrinas gehalten.

Auf dem Rückweg in Richtung **Giudecca** klart es etwas auf und der von Süden kommende *Scirocco* bläst warme Luft in die Lagune.

VENEZIANISCHE GESCHICHTEN

Tutti Pazzi: Komplett verrückt

Francesco fühlte sich übrigens schon seit dem frühen Morgen *scirrocato*. Auf meine erstaunte Miene hin, erklärt er mir den Begriff, der in etwa mit den bei uns vom Föhnwind verursachten körperlichen Auswirkungen vergleichbar ist. Wetterfühlige Bewohner hätten dann eine extrem niedrige Reizschwelle und wegen Nichtigkeiten entstehende Streitereien sind vorprogrammiert. In Venedig behauptet man auch, dass viele Leute mit zunehmendem Alter vom Südwind schlicht verrückt werden. Dabei bleibt aber nie unerwähnt, dass die Bewohner des nördlich liegenden Triests wegen der starken Bora noch verrückter – *„tutti pazzi“* – seien als die Venezianer.

sciroccato (Adj.): Durch den Schirokko induzierte Schwindelanfälle oder Verwirrung des Geistes

Der **Canale Retro Giudecca** gleicht einem riesigen Schiffsfriedhof. Fast durchgehend bis zur Sacca Fisola liegen hier dutzende Boote auf Grund. Auch hier müssen wir immer wieder herumschwimmenden Bootsteilen und zerborstenen Stegen ausweichen. Sobald die Sicht wieder schlechter wird, hocke ich im Bug und suche die Fahrrinne nach gefährlichem Treibgut ab. An der Westseite des Molino-Stucky-Komplexes müssen wir unsere Fahrt unterbrechen, da ein Boot der *Vigili del Fuoco* – der Feuerwehr – gerade die Trümmer einer Bootswand aus dem Wasser fischt und die Fahrrinne für einige Minuten gesperrt wird. Nach einem Zickzackkurs über den Giudecca-Kanal tuckern wir via San Trovaso gemütlich entlang des Canal Grande, wo sich auf Höhe der Traghetto-Station San Giglio bereits Dutzende Menschen auf der Pontonbrücke in Richtung **Santa Maria della Salute** zum heutigen Höhepunkt des alljährlichen Salutefests mit dem anschließenden traditionellen *Castradina*-Essen (siehe S. 147) tummeln. Auch Francesco wird mit seiner gesamten Familie anwesend sein – für viele Venezianer ist das Erlöser-Fest heuer aufgrund der Katastrophe besonders wichtig. Man will Zusammenhalt und Einigkeit zeigen

Vor **Santa Maria degli Angeli** werden die eingedrückten Mauern entlang der Fondamenta Cristoforo Parmense von einem Trupp städtischer Bauarbeiter mit einer provisorischen Holzkonstruktion vor dem Einsturz bewahrt. Sowohl das Haupt- als auch die Seitenportale von Santa Maria e Donato sind mit mehreren Sandsackschichten verbarrikadiert, die man erst zu überklettern hat, um in das Innere der Kirche zu gelangen. Die Liste der Schäden scheint auch auf der Glasbläserinsel endlos. Zäher Schlamm überzieht die Gehwege und auch hier haben viele Geschäftslokale aufgrund der Hochwasserschäden noch geschlossen.

TONSPUR VENEDIG

Historischer Soundtrack
Claudio Monteverdi (siehe S. 122), der Erfinder der Oper und Kapellmeister von San Marco, hat mit der „Vespro per la salute" für das **Festa della Madonna della Salute** eine Messe komponiert, die am 21. November 1631 in der Basilika San Marco uraufgeführt wurde, da die Salutekirche zu diesem Zeitpunkt noch nicht fertiggestellt war.

Wir unterhalten uns auf dem Rückweg nach Castello über den *Natural Wine Boom*, der in den letzten Jahren auch in den gestandenen Osterien und Weinbars der Stadt Einzug gehalten hat. Francesco empfiehlt mir eine Weinbar, die auf naturbelassene Weine spezialisiert ist und in der er selbst ab und zu jobbt. Ich notiere mir die Adresse und verlasse bei San Pietro di Castello das Boot. Spätestens beim Salutefest werden wir uns wiedersehen. Fotografierend arbeite ich mich die nächsten Stunden von San Pietro di Castello quer durch das Viertel. Ich spreche mit den Bewohnern, die mir zum Teil haarsträubende Geschichten über das Ausmaß der Katastrophe erzählen. Das Werbebanner der Biennale vor den Giardini mit dem Aufdruck *May you live in interesting times* klingt unter diesen Umständen fast zynisch.

Aber immer wieder höre ich den mir völlig unbekannten Ausdruck *Duri bianchi*. Was hat es damit nur auf sich? Es dauert nicht lange und ich sollte es erfahren ...

In der Via Garibaldi kehre ich noch auf einen Absacker und einen Teller *Schie e Polenta* (Minikrabben aus der Lagune) im „Giorgione" ein. Das abends meist proppenvolle Restaurant ist heute nur halb gefüllt. Die Gäste stammen alle aus dem Viertel. Jeder scheint jeden zu kennen. Das Tagesthema an den Tischen ist natürlich die große Novemberflut. Als zu später Stunde der rührige Wirt Lucio, eines der letzten Originale der Stadt, seine Gitarre in die Hand nimmt, sind alle Sorgen wenigstens für ein paar Stunden vergessen. Ausnahmslos alle Gäste singen die kitschigen alten Schlager und venezianischen Schmachtfetzen im Chor mit.

VENEDIG SCHMECKEN

Lucio Bisutto, der Canzonieri der Herzen
Der in den 1950er Jahren in San Pietro di Volta auf Pellestrina in Armut aufgewachsene Selfmademan Lucio Bisutto ist Sänger, Gitarrist und Gastronom in einer Person. In seinem urigen und familiären Lokal mit den schrägen Bildern an den Wänden setzt er seinen Gästen nicht nur die klassischen Gerichte der Lagunenküche vor. Zu vorgerückter Stunde greift der singende Star seines Viertels auch gerne in die Saiten und gibt venezianische „Gstanzln" zum Besten, wobei er sich auch gerne von befreundeten Musikern begleiten lässt. Empfehlenswert sind die zarten *Schie*, Lagunen-Garnelen, mit cremiger Polenta und eine der besten *Frittura Mista* der Stadt. Als passender Durstlöscher bietet sich der süffige, im Krug ausgeschenkte Hauswein an. Die zum Abschluss offerierte, verführerische *Torta della Nonna* wird im Haus fabriziert. Achtung, Suchtfaktor! Eines der wenigen Lokale der Stadt, wo der bunte Mix der Gäste noch für Authentizität sorgt.
Ristorante Giorgione, Via Giuseppe Garibaldi 1533, 30122 Castello,
+39 041 522 872 7, www.ristorantegiorgione.it

TONSPUR VENEDIG

Francesco Guccinis melancholisch zeitlose Tangomusik **„Scirocco"** (1987) geht mit Lyrics zum Thema Südwind unter die Haut. Der stimmige Text aus der Feder des Multitalents, das in seiner 50-jährigen Karriere als Songwriter, Autor und Schauspieler tätig war, erzeugt nach wie vor wohlige Gänsehaut.

GUT ZU WISSEN

Amtliche Gezeitenvorhersage
Erst wenn die **Hochwassersirene** dreimal erklingt, hat der Pegelstand in der Lagune 140 Zentimeter überschritten und in weiterer Folge wird der Notstand ausgerufen.

Wer sich bei zu **erwartenden Wetterkapriolen** mit dem Boot in die Lagune hinauswagt oder ganz einfach nur Nachsicht halten möchte, ob beim Stadtbummel die Pumps gegen wasserdichte *Stivaletti* (die es bei Bedarf an jeder Ecke zu kaufen gibt) getauscht werden müssen, hat die Möglichkeit die *Acqua Alta*-Vorschau auf **Previsioni e Segnalazione Maree**, der amtlichen Gezeitenvorhersage der Kommune, zu konsultieren.
www.comune.venezia.it/it/content/centro-previsioni-e-segnalazioni-maree

Eine der Pegelmarken, die an den verschiedensten Ecken der Stadt zu finden sind und an die Überschwemmungen der letzten Jahrhunderte erinnern.

Die Venezianer finden sich zu diesem besonderen Salutefest ein, um sich nach den verheerenden Überschwemmungen der letzten Tage gegenseitig Mut zuzusprechen.

3. Akt: *Duri bianchi*: Wir geben nicht auf

In der Regel beginnt der Besuch des **Festa della Madonna della Salute** (siehe S. 147) mit einem Fußgängerstau über die Verbindungsbrücke. Hilfspersonal geleitet am Ende der Brücke die heranströmenden Prozessionsteilnehmer in einem Einbahnsystem durch die schmalen, mit Menschen verstopften *Calli* zur Basilika. Vor dem Eingang gilt es noch die vorletzte Hürde bei den umlagerten Ständen der Votivkerzenverkäufer zu nehmen, bevor man sich in die Menschenschlange einreihen darf, um letztendlich in das Innere der Kirche zu gelangen. Gleich nach Betreten der Kirche werden einem die Kerzen wieder abgenommen, bündelweise entflammt und in Ständern drapiert. In der Kirche werden den ganzen Tag ab 8 Uhr morgens Messen gelesen, die auch auf Bildschirmen übertragen werden. Aufgrund der nachdrängenden Massen bleiben nur einige wenige Minuten, bevor man wieder vor die Kirche bugsiert wird. Vom Rio Terà dei Catecumeni bis zur Spitze der Punta della Dogana werden an den verschiedenen Verkaufsständen Getränke, *Frittelle*, kandierte Äpfel und Zuckerwatte feilgeboten. Selbst der vor der Punta della Dogana liegende Zweimaster wird zum schwimmenden Buffet umfunktioniert. Man hat das Gefühl, die komplette venezianische Gemeinde gibt sich hier ein Stelldichein.

In diesem Jahr sind die Venezianer beim Salutefest das erste Mal unter sich, da aufgrund der Überschwemmung so gut wie keine Touristen in der Stadt unterwegs sind. Es tummeln sich zwar genügend Menschen vor der Basilika und rund um die Stände, aber der Andrang ist bei Weitem nicht so groß, wie man es aus den letzten Jahren gewohnt war. Gerade im Angesicht der Wetterkatastrophe rücken die Venezianer in diesen schweren Tagen scheinbar wieder etwas enger zusammen und besinnen sich auf traditionelle Werte. Viele Geschäfte in Venedig, die sonst an diesen umsatzstarken Tagen rund um das Salutefest geöffnet haben, lassen heuer die Rollbalken unten. Fast jeder der Anwesenden ist unmittelbar von den Auswirkungen der Flutwellen betroffen, oder kennt jemanden, den es schwer erwischt hat. Und trotzdem ist der Grundtenor der Gespräche voll Zuversicht und Optimismus. *Duri bianchi* – Wir schaffen das.

GUT ZU WISSEN

Hart die Bänke

Der Begriff *Duri bianchi* stammt eigentlich aus der Seefahrt und bedeutet wörtlich übersetzt „Hart die Bänke“. Ein Kommando, das bei Seeschlachten vor dem Rammen eines Schiffes oder vor dem Abfeuern der Kanonen an die Ruderer ausgegeben wurde. Diese ließen daraufhin ihre Ruder los und klammerten sich an ihren Bänken fest, um von der Wucht des Aufpralls bzw. des Rückstoßes nicht vom Schiff gefegt zu werden. Heute wird *Duri bianchi* bei den Venezianern als Synonym für „festhalten“ und im weiteren Sinn für „nicht aufgeben“ verwendet.

VENEZIANISCHE GESCHICHTEN

Die Kirche der Taufbewerber

Am Rio Terà dei Catecumeni, nur ein paar Meter von der Kirche Santa Maria della Salute entfernt, befindet sich seit 1571 ein ehemaliges Hospiz der Katechumenen (Taufbewerber für die römisch-katholische Kirche), deren Gemeinde sich überwiegend aus muselmanischen Kriegsgefangenen der **Schlacht von Lepanto** und aus dem Getto stammenden Juden zusammensetzte, die sich durch ihre Konvertierung zum Christentum eine Aufnahme in die venezianische Gesellschaft oder zumindest eine Arbeit in Venedig erhofften. Die meisten konvertierten wohl weniger aus Überzeugung, denn aus wirtschaftlichen Gründen. 1727 wurde die Kirche **San Giovanni Battista** an das Hospiz angebaut. Heute befindet sich innerhalb der geschichtsträchtigen Mauern ein Kindergarten, der vom Orden der Salesianer betrieben wird. In der sonst ruhigen Straße geht es nur einmal im Jahr beim Salutefest im November hoch her, wenn Naschwerk, gebrannte Nüsse und Luftballons an den Ständen verkauft werden.

Der Besucherstrom zum Salutefest hält sich diesmal sogar auf der sonst immer verstopften Zugangsbrücke in Grenzen.

EIN TRADITIONELLES GERICHT zum Salutefest

Zum Gedenken an die Pestepidemie in den Jahren 1630 und 1631, der im Großraum Venedig über 100.000 Menschen zum Opfer fielen, findet alljährlich am **21. November** eine Dankesprozession in der Erlöserkirche Santa Maria della Salute statt. Drei Tage und drei Nächte betete im Jahr 1630 die vom Schwarzen Tod verschonte Bevölkerung Venedigs um ein Ende der Pestwelle, und als Dank wurde die vom Dogen Nicolo Contarini versprochene **Basilika Santa Maria della Salute** errichtet, welche allerdings erst 56 Jahre später unter der Leitung von Baldassare Longhena fertiggestellt wurde. Eine Woche lang führt eine speziell für diese Feier errichtete Pontonbrücke über den Canal Grande, von Santa Maria del Giglio zur Calle Lanza, von wo man die Basilika Santa Maria della Salute und die in den umliegenden Gassen errichteten Stände erreichen kann. Wenn der Pegelstand in der Lagune die kritische Marke von 115 cm überschreiten sollte, muss die Brücke gesperrt werden. Auch ein Verweilen auf der Brücke ist aus Sicherheitsgründen nicht gestattet. Das **Festa della Madonna della Salute** zählt bis heute neben dem Redentore-Fest, bei dem ebenfalls mit einer Pontonbrücke die Erlöserkirche auf der Giudecca mit dem Zattere verbunden wird, zu den wichtigsten kirchlichen Festivitäten der Stadt.

Den abendlichen Höhepunkt des Salutefests bildet das traditionelle ***Castradina*-Essen** im familiären Kreis oder in einem der umliegenden Lokale. Dabei handelt es sich um einen deftigen Eintopf aus Wirsing und luftgetrocknetem, leicht geräuchertem Hammelfleisch. Die Wurzeln dieses Gerichts, das über den Triestiner Raum den Weg in die venezianische Küche fand, liegen in der Levante. Serviert wird es nur am Festa della Madonna della Salute. Zu diesem Gericht harmoniert ein kräftiger Rotwein, wie zum Beispiel ein Terrano del Carso oder ein Refosco dal Peduncolo. Von der einfachen Osteria bis zum sterndekorierten Küchenchef gibt es die verschiedensten Interpretationen der *Castradina*.

VENEDIG SCHMECKEN

Hier drei Adressen, wo der Eintopf besonders mundet – von der Osteria bis zum Michelin-prämierten Toplokal:
Osteria Ai Do Pozzi, Campo do Pozzi 2613, 30122 Castello, +39 041 476 123 5, www.osteriaaidopozzi.metro.bar
Ai Gondolieri, Fondamenta Ospedaleto 366, 30123 Dorsoduro, +39 041 528 639 6, https://aigondolieri.it
Bistrot de Venise, Calle dei Fabbri 4690a, 30124 San Marco, +39 041 523 665 1, www.bistrotdevenise.com

GROTIN DEL GIASSO
Die letzte Eisgrotte der Serenissima

Im Garten des Palazzo Rizzo-Patarol, in dem sich heute das Luxushotel **Palazzo dei Dogi** befindet, steht der noch letzte verbliebene **Eiskeller** Venedigs, der **Grotin del Giasso** (nahe der Vaporetto-Station Madonna dell'Orto). Der Anfang des 18. Jahrhunderts von dem Botaniker Lorenzo Patarol mit exotischen Gewächsen bepflanzte Paradiesgarten zählte für viele Hochgestellte und Adelige, die mit ihren Familien in der Stadt verweilten, zum touristischen Pflichtprogramm. Selbst der österreichische **Kaiser Franz I.** beehrte im Jahre 1815 diesen in ganz Europa bekannten Paradiesgarten mit seiner Anwesenheit.

Einst wurden in dem **kuppelförmigen Ziegelbau**, der an ein gemauertes Iglu mit einem Loch in der Decke erinnert, Eisplatten aus dem **Triestiner Karst** oder aus den **österreichischen Alpen** eingelagert. Diese hielten den Raum kühl und boten somit der Palastküche die Möglichkeit, in den heißen Monaten verderbliche Lebensmittel über einen längeren Zeitraum zu lagern. Heute kann die von Efeu überwucherte Ziegelgrotte für Hochzeitszeremonien gemietet werden und auch das hoteleigene Wellness-Programm hat die positive Aura dieses eigenartigen Bauwerks für sich entdeckt. Begeistert von der unglaublichen Akustik des Kuppelbaus schmetterte ich während des Fotoshootings mit krächzender Kopfstimme einen Klassiker nach dem anderen aus der Abteilung Schwermetall und Stromgitarren, wofür ich auf dem Weg nach draußen belustigte Blicke und hochgereckte Daumen der philippinischen Hotelgärtner erntete. Ist der Ruf einmal ruiniert, lebt es sich völlig ungeniert.

Der moderne Teil der Bibliothek der Klosterinsel **San Lazzaro degli Armeni** hat übrigens eine Kuppel, die eine ähnliche Akustik aufweist, wie die **Grotin del Giasso**. Die armenischen Mönche verfügen über das gewisse Quäntchen Humor und fordern die Besucher manchmal auf, die ungewöhnliche Akustik selbst auszutesten. Einfach ausprobieren!

GUT ZU WISSEN

Der prachtvolle **Garten** ist eigentlich den Hotelgästen vorbehalten. Gegen Voranmeldung an der Rezeption dürfen aber auch Nichtgäste einen Blick in den Garten und den Eiskeller werfen.

Grand Hotel Palazzo dei Dogi, Fondamenta Madonna dell'Orto 3500, 30121 Cannaregio, +39 041 220 811 1, www.nh-collection.com/de/hotel/nh-collection-venezia-grand-hotel-palazzo-dei-dogi

TONSPUR VENEDIG

Zum Steine-Erweichen
Für meine ohrenerweichenden Kopfstimmenexperimente stand das Album **„Live Insurrection"** (2001) des britischen Metal Gods **Rob Halford** Pate. Der Titeltrack „Insurrection" sowie „Screaming in the Dark" und „Electric Eye" würden sogar die steinernen Wände zum Vibrieren bringen.

LA CERTOSA
Trockenen Fußes durch die Lagune

Die am östlichen Ende von Venedig liegende **Isola della Certosa** (die Kartause) befindet sich auf der gegenüberliegenden Seite der Marina von Sant'Elena und imponiert vor allem in den Wintermonaten durch ihre Ruhe.

Um den Tod immer vor Augen zu haben, gruben Mönche des Kartäuserordens schon zu Lebzeiten ihr eigenes Grab in der Mitte der Klosteranlage. Mitglieder der Patrizierfamilien Grimani und Giustiniani hatten hier ihre eigenen Grabkapellen und auch der Held, der bei der **Schlacht von Lepanto** (1571) Venedig gegen das Osmanische Reich verteidigte, Agostino Barbarigo, fand auf der Insel seine letzte Ruhestätte. Die Wände der Basilika und des Refektoriums waren mit Meisterwerken von Tintoretto, Tizian, Jacopo Palma il Vecchio und Andrea da Murano ausstaffiert.

60
Spolela

Der Blick von der im Winter vollkommen verwaisten Marina auf La Certosa offenbart die Lagune in all ihrer Pracht. Die schneebedeckten Gipfel der Alpen leuchten mystisch am Horizont.

GUT ZU WISSEN

La Certosa ist ganz einfach mit der Rundkurslinie 4.1 und 4.2 erreichbar. Die Station wird allerdings nur angefahren, wenn Sie dem Schaffner auf dem Vaporetto mitteilen, dass Sie auf La Certosa aussteigen wollen. Beim Verlassen der Insel können Sie an der Bootsanlegestelle die Signalanlage selbst in Betrieb nehmen, um wieder abgeholt zu werden.

Wegen der strengen Ordensregeln der Kartäuser, hatten Frauen keinen Zutritt zu der Kirche. In den Gärten des Klosters war der Aufenthalt allerdings für beiderlei Geschlecht erlaubt und an sonnigen Tagen traf man sich auf der „Wiese mit dem Fischteich" – einem beliebten Treffpunkt der Venezianer –, um bei einem erbaulichen Spaziergang den regen Bootsverkehr zwischen dem **Lido** und **Venedig** zu beobachten. Nach Schließung des Klosters unter der Herrschaft Napoleons stand La Certosa kurz als Standort für eine dringend benötigte Friedhofsinsel zur Debatte. Wäre dieser Plan umgesetzt worden, hätte man die historischen Gebäude höchstwahrscheinlich erhalten. Das von **Pietro Lombardo** (1435–1515) erbaute Kloster wäre erhalten geblieben und wir könnten heute eine der **imposantesten Klosteranlagen** der ganzen Lagune bestaunen. Verschiedene Quellen schwärmen in der Stadtchronik von der einzigartigen Schönheit des Bauwerks. Leider ist von der ehemaligen Klosteranlage **keine Spur** mehr zu finden. Selbst die von Dickicht überwucherten Mauern des letzten Gebäudes, das an den anstelle des Klosters errichteten militärischen Stützpunkt erinnert, sind nur mehr fragmentarisch vorhanden und drohen, jeden Moment einzustürzen.

Bis auf die im Winter verwaiste Marina, einige Bootsdepothallen und ein in der kalten Jahreszeit geschlossenes Hotel für Segler ist die Insel nicht bebaut und eignet sich ideal für einen Spaziergang, wenn man der Enge Venedigs entkommen will und das Auge etwas Auslauf benötigt.

GUT ZU WISSEN

Ruderabenteuer durch die Serenissima

Auf La Certosa befindet sich das Büro von **Venice Kayak**, mit denen ich vor einigen Jahren meinen ersten Bootstrip durch die Lagune unternahm. Wer eine geführte Bootstour durch die Lagune planen sollte, ist hier in den besten Händen. Standardtouren und individuelle Trips sind auf der Homepage einsehbar.

Venice Kayak, Isola della Certosa, 30141,
+39 041 523 672 0, www.venicekayak.com

VENEZIANISCHE GESCHICHTEN

***Una Toccatin:* eine Berührung**

Wundern Sie sich nicht, wenn Sie bei der Betrachtung der Säuleninschriften des **Sotoportego del Traghetto** (siehe S. 157) ein metallisches Klackern vernehmen. Am Beginn des Portikus sind in der ersten Säule zwei kleine Metallanker an Ringen in die Wand eingelassen. Im Vorbeigehen, meist ohne innezuhalten, werden diese Anker von Passanten gegen die Wand geschlagen. Dieser alte venezianische Brauch verspricht Glück und Fruchtbarkeit.

Der Hochwasserpegel und das große C

In den verschiedensten Ecken der Stadt stoßen aufmerksame Betrachter immer wieder auf Spuren, die auf die Hochwasserstände der vergangenen Jahrhunderte erinnern (siehe z. B. S. 143). Auf der Piazza San Marco gibt es zwei Hinweise, die an den Höchstpegelstand der großen Flut vom 4. November 1966 erinnern. Eine Tafel befindet sich direkt am Sockel des **Campanile di San Marco.** Die zweite Tafel ist an der Marmorsäule hinter dem Eingangsportal des unter den Arkaden befindlichen Juweliergeschäfts „Missiaglia" angebracht. Man braucht das Geschäft nicht zu betreten. Die Säule ist durch das Schaufenster zu sehen.

Auf der dem **Campo Santi Giovanni e Paolo** zugewandten Südseite der Basilika weist eine Tafel im Mauerwerk auf den Höchstwasserstand der Flut vom 20. August 1902 hin. An der linken Seite des Portals der Basilika ist ebenfalls eine Markierung eingeritzt.

An der Ecke der Fondamente Nova und der Salizada dei Specchieri befindet sich im unteren Drittel der Mauer eine Gravur, die den Höchstwasserstand der Flut vom 15. Jänner 1867 anzeigt. Zwischen den beiden Zeilen der Inschrift befindet sich ein eingraviertes großes C.

Dieses mysteriöse in Stein gravierte oder auf den Verputz gepinselte C ist insgesamt an **111 verschiedenen Stellen** Venedigs zu entdecken. Eine davon befindet sich auf der gegenüberliegenden Seite des **Sotoportego del Traghetto**. Dabei handelt es sich um eine Pegelstandsmarkierung, die bereits seit dem 17. Jahrhundert an den Fundamenten der Häuser angebracht wird. Das steinerne C (manchmal auf dem Bauch liegend eingraviert) befindet sich exakt dreißig Zentimeter über dem durchschnittlichen Wasserstand der venezianischen Lagune, wobei als Referenz der Nullpunkt der durchschnittlichen Tide vor der **Punta della Salute** herangezogen wird. Aufgrund dieser Markierung konnten Berechnungen angestellt werden, die belegen, dass der durchschnittliche Pegelstand seit dem 18. Jahrhundert um circa vierzig Zentimeter angestiegen ist.

Auch wenn das Hochwasser das Alltagsleben für die Einwohner Venedigs nicht gerade leichter macht, sind die teils surreal anmutenden Impressionen für die Besucher immer wieder verblüffend.

PAROCHIA
DE S. MARCO

Die Wasserstandsmarken der letzten Jahrhunderte am Sotoportego, eingraviert von Bürgern und Fährleuten.

ZU FUSS
über die *Laguna Ghiacciata*

Es ist heute schwer vorstellbar, dass der nur wenige Meter breite **Rio dei Santi Apostoli**, der am südlich liegenden Canal Grande beginnt und als **Rio dei Gesuiti** in das nördlich gelegene Fondamente Nove mündet, jahrhundertelang zu einem der wichtigsten Verkehrsknotenpunkte der Stadt zählte. Der leicht zu übersehende **Sotoportego del Traghetto** (Durchgang der Fähren) befindet sich an der Calle de la Malvasia kurz vor dem Campo San Canzian. Von diesem Portikus legten einst die Fähren und Transportboote auf die Inseln Murano, Burano, Mazzorbo und Torcello ab. Im Verputz der Säulen finden sich verschiedene Inschriften und bei genauerer Betrachtung kann man sogar die damaligen Fährtarife entziffern. Eine dieser Inschriften sticht besonders heraus, da sie an die große Kältewelle im Jahr 1864 gemahnt. Die Oberfläche der Lagune war so dick mit Eis überzogen, dass die Venezianer zu Fuß bis zur Insel **San Cristoforo** (jene Klosterinsel, die heute mit der Friedhofsinsel San Michele verbunden ist) spazieren konnten. Drei große Kältewellen im Jahre 1789, 1864 und 1929 ließen die komplette Lagune zufrieren. Dann war es sogar möglich, mit dem Pferdefuhrwerk via San Secondo das Festland zu erreichen.

Im **Museo del Settecento veneziano** im **Palazzo Ca' Rezzonico** (siehe S. 109) kann man zu diesem Thema ein eindrucksvolles Werk des Vedutenmalers **Francesco Battaglioli** (1725–1796) studieren. In der **Pinacoteca Querini Stampalia** zeigen wiederum die wimmelbildartigen Gemälde des venezianischen Künstlers **Gabriele Bella** (1730–1799) das einfache Volk, das sich auf Schlittschuhen zwischen Fondamente Nove und der Insel San Cristoforo vergnügte. Gabriele Bella verstand es wie kein Zweiter, die venezianischen Festivitäten (Frauenregatta auf dem Canal Grande), derben Spiele (Stierhatz auf der Piazza San Marco) und kirchlichen Ereignisse (Papstsegen vor der Basilika Santi Giovanni e Paolo) des 18. Jahrhunderts festzuhalten. Die eindrucksvollen Bilder sprühen nur so vor Lebendigkeit und Detailreichtum.

GUT ZU WISSEN

Im Netz findet sich unter dem Keyword **Laguna Ghiacciata** – die gefrorene Lagune – ein Film aus dem Jahr 1929 mit den zugefrorenen Kanälen der Stadt.

Pinacoteca Querini Stampalia:
www.querinistampalia.org

MARSHMALLOW
€ 4,50
VENTAGLI
CASTAGNOLE
NOSTRA PRODUZIONE
€ 2,50 gr 100
GALANI
COTTI AL FORNO
€ 2,00 100 gr
BUSSOLÀ
NOSTRA PRODUZIONE
€ 3,00 ALL'UNO
ESSE
NOSTRA PRODUZIONE
€ 3,00 ALL'UNO

STRUDEL di MELE
NOSTRA PRODUZIONE
€3,00 gr.100
PINCIA
NOSTRA PRODUZIONE
€1,00 gr.100
PIZZA AL TAGLIO
NOSTRA PRODUZIONE
€1,00 gr.100
PIZZETTE di PASTA SFOGLIA
NOSTRA PRODUZIONE
PIZZE
NOSTRA PRODUZIONE
FRITTELLE CON CREMA
€1,30 ALL'UNA
FRITTELLE VENEZIANE
€1,20 ALL'UNA
BRIOCHES
ZALETI VENEZIANI
NOSTRA PRODUZIONE
€3,00 ALL'UNA
BAICOLI
BAICOLI
BAICOLI

WINTER ADÉ
DER KARNEVAL VON VENEDIG

EINE STADT VERKLEIDET SICH: VON HEIMLICHEN HELDEN, VERKLEIDETEN SCHURKEN UND WERKSTÄTTEN, DIE AUF HOCHTOUREN LAUFEN

Bevor sich der Winter endgültig aus der Lagune verabschiedet und die ersten Vorboten des nahenden Frühlings zaghaft ihre Fühler über die Stadt ausstrecken, zieht der mit einer tausendjährigen Tradition behaftete venezianische Karneval in die Lagunenstadt ein. Die Stadt und ihre Besucher verbergen sich wieder hinter Masken und geben sich für einige Tage der Ausschweifung hin.

Obwohl der Karneval bereits im Jahre 1094 in einem Dokument des **Dogen Vitale Falier** erwähnt wurde, sollte es fast 800 Jahre dauern, bis das **venezianische Maskenfest** im 18. Jahrhundert an seinem Höhepunkt angekommen war. Tausende maskierte und pompös gekleidete Besucher aus aller Herren Länder feierten in den *Calli* und *Campi*, an der Riva degli Schiavoni und der Piazza San Marco. Je weiter der Tag fortgeschritten war, desto ausgelassener und verderbter wurden auch die ausschweifenden Feste. In gleichem Maße stieg die **Verbrechensrate** in den dunklen, oft nur spärlich von Fackeln beleuchteten Gassen. Denn unter die feierwütigen Menschen aus ganz Europa mischte sich auch ein gewisser Prozentsatz zwielichtiger Gestalten, der seinen Lebensunterhalt mit Trickbetrug und Taschendiebereien bestritt. Da glücklose Spieler mehrmals versucht hatten, sich im Schutze ihrer Verkleidung vor der Begleichung ihrer Spielschulden zu drücken, war es strengstens untersagt, Casinos in Maske und Verkleidung zu betreten. Unter dem Schutz der Maske und des Kostüms wurden immer öfter Einbrüche in Klöster und Kirchen verübt – ließen sich Waffen und **erbeutetes Diebesgut** doch bequem unter den weit geschnittenen Verkleidungen verbergen. Um dieser professionell organisierten Diebestouren Herr zu werden, wurde schließlich vom Stadtsenat per Erlass das Betreten von „heiligen Plätzen" in Kostümierung verboten. Und auch die Spitzel und **Denunzianten** im Dienste der Serenissima, die, getarnt durch ihre Verkleidung, Nachrichten und Meinungen aufschnappten, die eigentlich nicht für die Öffentlichkeit bestimmt waren, im berauschten Zustand aber viel leichter über die Lippen kamen, hatten in der Karnevalszeit alle Hände voll zu tun, um unliebsame Zeitgenossen vor Gericht bzw. hinter Gitter zu bringen.

Mit Napoleon und dem **Fall der Republik** 1797 kam ein Verbot jedweder Kostümierung. Öffentliche Karnevalsfeiern wurden untersagt und Maskierungen durften nur noch bei privaten Festen, mit Ausnahme des **Ballo della Calvachina** im Teatro La Fenice, getragen werden. Es begann eine fast zweihundertjährige Zwangspause des einst so prächtigen Maskenfestes. Erst im Jahr 1967 wurde der **Carnevale di Venezia** wieder aus der Versenkung geholt und im Rahmen vereinzelter Kostüm- und Maskenpartys wiederbelebt. Zwölf Jahre später setzte man ein neues touristisch orientiertes Konzept um, das die Bewohner der Stadt aktiv in den Karneval miteinband, da man sich so erhoffte, die traditionellen Werte des venezianischen Karnevals authentisch präsentieren zu können.

Heute wird Venedig zur Zeit des Karnevals regelrecht von Besuchern gestürmt und für das dichte Gedränge in den Gassen braucht man starke Nerven und viel Zeit, um sich seinen Weg durch die Fußgänger-Einbahnen zu erkämpfen. Unter dem Applaus der Zuseher schweben an grinsenden Monden befestigte Segelschiffe über den Himmel und bewegen sich fackelschwingende Tänzer zu den aus überdimensionalen Boxen erschallenden Melodien auf geschmückten Booten entlang des Canals. Das **prächtige Spektakel** am Rio Cannaregio bezieht mit bunten Projektionen die gesamte Häuserfront mit ein. Mittlerweile verlassen viele der Bewohner in diesen Tagen die Stadt, um dem Trubel zu entgehen. Auch Lokalbetreiber nützen die Chance, um in dieser Zeit die Rollläden herunterzulassen. Die Umsätze sind trotz der vielen Besucher während des Karnevals stark rückläufig. Die meisten Karnevalsbesucher sind nämlich Tagestouristen, die nur auf der Suche nach einem WC sind und keine Zeit für Speis und Trank haben.

Die eigentlichen Helden des Karnevals sind die vielen Köpfe, die bei dieser Großveranstaltung im Hintergrund für einen reibungslosen Ablauf sorgen und tagtäglich mit den logistischen Herausforderungen dieses Massenevents konfrontiert werden. Im selben Maß gilt meine Bewunderung den **Künstlern** in ihren Maskenwerkstätten, die das ganze Jahr hindurch auf den Höhepunkt der Karnevalssaison hinarbeiten und in ihren Werkstätten Jahr für Jahr fantastische Kreationen für ihre treue Stammkundschaft anbieten können.

GUT ZU WISSEN

!

Karnevalsumzug

Das beeindruckende Spektakel auf dem Wasser findet um 19.00 und um 21.00 Uhr am Rio Cannaregio statt, um allen Besuchern die Möglichkeit zu geben, daran teilzuhaben.

Zwischen üppigem Karnevalsgebäck mit Suchtfaktor und kunstvoll hergestellten Unikaten bereitet sich die Stadt auf den großen Ansturm vor.

VENEDIG ZUM MITNEHMEN

Masken mit dem gewissen Etwas

Seit gut dreißig Jahren wird das traditionelle venezianische Handwerk der Papiermaschee-Masken-Herstellung in der Manufaktur **„Bluemoon Venice"** hochgehalten. Der Schauraum, in dem dutzende imposante Tier-, Leder- und Dekormasken ausgestellt sind, befindet sich in der Nähe des Fischmarkts von Rialto. Wer auf der Suche nach einer exklusiven Gesichtsbedeckung für den nächsten Karneval ist oder ein schmuckes Dekor für die eigenen vier Wände sucht, wird hier garantiert fündig. Gerne wird auch auf persönliche Wünsche eingegangen.

Bluemoon Venice, Calle del Capeler 1578, 30125 San Polo,
+39 041 524 256 7, www.bluemoonvenice.com

Gesichtsverkleidung Marke Eigenbau

In Santa Croce befindet sich der kleine, bis unter die Decke mit Masken vollgestopfte Laden von **Valentina Franceschini**, die sich hier bei ihrer Arbeit gerne über die Schultern schauen lässt. Valentina ist stolz auf ihr traditionelles Handwerk, dessen Zunft seit 1682 in Venedig existiert. Wer Lust hat, seine eigene Maske herzustellen, dem wird diese Fertigkeit im Rahmen eines fachkundig geführten Workshops vermittelt. Es gibt auch Kurse für Kinder. Telefonische Voranmeldung ist notwendig.

Peter Pan Maschere Venezia, Corte Piossi/Campo Santo Maria Mater Domini 2118,
30135 Santa Croce, +39 041 716 420, keine Website

Venedig in der Schachtel und papierene Ohrgehänge

Originelle Ohrgehänge, Halsketten und japanische Krägen aus Papier kann man in **Stefania Giannicis** schmuckem Laden **„Paperoowl"** erstehen. Ein besonderer Eyecatcher sind liebevoll gestaltete Mini-Dioramen mit venezianischen Motiven in Streichholzschachtelgröße. Die Künstlerin hat eine besondere Affinität zu ihrem Werkstoff Papier, den sie aus aller Welt bezieht und mit besonderer Leidenschaft verarbeitet.

Paperoowl, Calle Longa 2155/A, 30135 Santa Croce,
+39 041 476 197 4, www.paperoowl.com

Dieses Detail eines Bilderrahmens im Sisi-Trakt des Museo Correr lässt nur auf den ersten Blick auf das fröhliche Karnevalstreiben auf dem Markusplatz schließen. Tatsächlich zeigt es das über Jahrhunderte vorherrschende Thema der Lagunenstadt: *Acqua Alta*.

Neben dem britischen Streetart-Künstler Banksy, der erst vor Kurzem mit seinem Kunstwerk unweit des Campo Santa Margherita für Aufsehen sorgte, findet man quer über die Stadt verteilt immer wieder interessante Werke unbekannter Künstler, auf die es sich einen Blick zu werfen lohnt. Wie zum Beispiel die vieräugige Dame in Blau.

AUSKLANG

In der Stadt beginnen gerade die Vorkehrungen für den Karneval. Soundsysteme werden bis zum Anschlag getestet und es schallt durch die noch verwaisten Gassen. Per Zufall habe ich die versteckte Ecke gefunden, wo die Boote für den großen Umzug aufgeputzt werden. Für einige Augenblicke habe ich das Glück, unentdeckt das geschäftige Treiben zu beobachten, bevor ich von den uniformierten Security-Mitarbeitern höflich, aber bestimmt, gebeten werde, mich vom Acker zu machen.

Der heutige Tag steht im Zeichen des Ausklangs. Es ist alles fotografiert, was zu fotografieren ist, und es ist alles geschrieben, was zu schreiben ist. Stift und Kamera habe ich, um ja nicht Versuchung zu kommen, zu Hause gelassen. Und so lasse ich mich nun von Cannaregio aus quer durch die Stadt bis zum östlichsten Zipfel nach Sant'Elena treiben, ohne ein festes Ziel vor Augen zu haben. Mit dem Linienboot setze ich zum Lido über und lasse meine Blicke über die Skyline der Stadt schweifen. Durch die klare Luft scheint sie zum Greifen nahe. Am Horizont leuchten die schneebedeckten Gipfel der Alpen im Sonnenlicht, Möwen schaukeln in der sanften Dünung und der Schlag der Wellen lullt meine Gedanken ein. Dem sich anbahnenden Trubel ausweichend, spaziere ich zum verwaisten Strand. Mit einer Flasche Pfirsich-Eistee und meinen Gedanken sitze ich vor einer Bar in der wärmenden Sonne und spule die Ereignisse der letzten Tage, Wochen und Monate ab. Schwermütig nehme ich im Geiste Abschied von meinen Lieblingsorten, in der Gewissheit, wieder für einige Wochen von meinem geliebten Venedig getrennt zu sein. Gegen Abend werde ich von meinem Transferboot abgeholt und kann mich während der Fahrt zum Flughafen noch an einem malerisch-kitschigen Sonnenuntergang erfreuen, der den Abschied umso schwerer macht.

TONSPUR VENEDIG

Mit berührend leichten Klängen von **Lucio Battisti** verabschiede ich mich und hoffe, dass Sie mich auch bei meinem nächsten Venedig-Abenteuer begleiten werden. „E Penso a Te", 1972.

LINA
55

56
57

ANHANG

Literatur

Baker, Sally: Paolo Sarpi e Venezia. Edizione Supernova, 2018

Borges, Jorge Luis: Fiktionen 1939–1944. Fischer, 1992

Cacciapaglia, Giacomo: Scrittori di lingua tedesca e Venezia. La Stamperia di Venezia Editrice, 1985

Crovato, Giorgio e Maurizio: Isole abbandonate della laguna Venziana. San Marco Press, 2008

Geiger, Friedrich; Janke, Andreas: Venedig. Luigi Nono. Zur musikalischen Präsenz und diskursiven Funktion der Serenissima. Waxmann, 2015

Guggenheim, Peggy: Ich habe alles gelebt. Bastei Lübbe, 1998

Houllebecq, Michel: Gegen die Welt, gegen das Leben. DuMont, 2017

Kapp, Julius: Niccolo Paganini. Hans Schneider, 1969

Konold, Wulf: Claudio Monteverdi. Monographie. Rowohlt, 1986

Leopold, Silke: Claudio Monteverdi. Biografie. Reclam, 2017

Lorenzetti, Giulio: Venice and its Lagoon. Edizioni Erredici Padova, 2007

Mann, Thomas: Der Tod in Venedig. Fischer, 1913

Mariutti, Pietro: Carta della Laguna di Venezia. Mare di Carta, 2010

Mater, Stabat: Tiziano Scarpa. Verlag Klaus Wagenbach, 2009

Mullon Luxa, Lorenzo: A che punto siamo. Eigenverlag, k. A.

Pogacnik, Marko: Venedig. Spiegel der Erdseele. AT Verlag, 2009

Pratt, Hugo: Warten auf Corto. Edition Alfons, 2019

Rolfe, Frederick: An Ossuary of the north Lagoon and other stories. Snuggly Books, 1913

Rolfe, Frederick: Hadrian the Seventh. Chatto&Windus, 1904

Rolfe, Frederick: The Desire and pursuit of the whole. Cassell, 1909

Rosei, Peter: Wer war Edgar Allan? Residenz, 1977

Ruskin, John: Die Steine von Venedig. Corso, 2016

The Bravo: James Fenimore Cooper. Carey&Lea, 1831

Upstone, Robert: Sickert in Venice. Scala, 2009

Zorzi, Pier Alvise/Fabris, Pierfranco: Venice. The Grand Canal. Edizioni Biblioteca dell'Immagine, Pordenone, 2017

Graphic Novel

Kuhlendahl, Susanne: Der Tod in Venedig nach Thomas Mann. Knesebeck, 2019

Raives, Warnauts: Venezianische Affären. Teil 1 bis 3. Panini, 2019/2020

Film

Haneke, Michael: Wer war Edgar Allan, 1985

Kinski, Klaus: Paganini, 1989

Lado, Aldo: Chi l'ha vista morire?, 1972

Salerno, Enrico Maria: Anonimo Veneziano, 1970

Schrader, Paul: The Comfort of Strangers, 1990

Visconti, Lucchino: Morte a Venezia, 1971

Musik

Tercinet, Alain; Le Xuan, Francois: Note di Viaggio. Le Musiche di Corto Maltese. Rizzoli Lizard, 2009

Meine Tonspuren

David Gilmore: Comfortably Numb, 1979

Paolo Conte: Sirat Al Bunduqiyyah, 2016

Antonello Venditti: Raggio di Luna, 1992

Anne Clark: Autumn Day, 1998

Gianluigi Trovesi, Gianni Coscia: La misteriosa musica della Regina Loana, 2019

Steeleye Span: Gaudete, 1972

Angelo Badalamenti: Filmmusik zu The Comfort of Strangers, 1990

Gianmaria Testa: Men at Work, 2013

Mark Hollis: Mark Hollis, 1998

Alan Parsons Project: Tales of Mystery and Imagination, 1976

Uri Ensemble: Wagner E Venezia Caine, 1997

Pieter Bourke; Lisa Gerrard: Duality, 1998

Brendan Perry: Eye of the Hunter, 1999

Nick Drake: Bryter Layter, 1970

„Der Gesang der Sirenen“: s. u.

Claudio Monteverdi: Marienvesper, 1603 (interpretiert vom Monteverdi-Chor Hamburg, 1999)

Claudio Monteverdi: Vespro per la salute, 1631 (interpretiert vom Ensemble Vocal Akadémia, 2010)

Rob Halford: Live Insurrection, 2001

Ólafur Arnalds: And they have escaped the weight of Darkness, 2010

Lucio Battisti: E Penso a Te, 1972

Der Gesang der Sirenen (S. 99)

Beth Gibbons, Mysteries, 2002

Cat Power, The Greatest, 2006

Heather Nova, Beautiful Ride, 2011

Kate Bush, King of the Mountain, 2005

Heidi Berry, Washington Square, 1991

Still Corners, Beginning to blue, 2013

This Mortal Coil, Song to the Siren, 2012

Loreena McKennitt, The Mummers dance, 1997

Cocteau Twins, Carolyn’s Fingers, 1988

The Moon Seven Times, Guppy, 1994

Dead can Dance, Rakim, 2008

Dank

Unendlicher Dank an meine treue Leserschaft für die vielen berührenden Rückmeldungen zu meinen nerdigen venezianisch-literarischen Eskapaden. Baci e Abbracci!

Eine riesen Umarmung an all meine venezianischen Freunde, Bekannten und Zufallsbegegnungen, an deren Gedanken ich teilhaben durfte und die mir einen tiefen Einblick in ihre Herzen ermöglichten. Duri bianchi!

Mein aufrichtigster Dank ergeht an Elisabeth Blasch, die das Venedig-Inf(v)erno meisterlich koordinierte, sowie an Carina Manutscheri, die meinen sprießenden Erzählungen einen literarischen Kurzhaarschnitt verpasste und als Formengießerin brillierte. Ohne euch …

Danke an Maria Schuster und an Daniela Vogl für die meisterliche Umsetzung und das daraus resultierende Wow-Erlebnis.

Des Weiteren möchte ich mich bei Elisabeth Austaller bedanken. Diesmal waren uns die QR-Götter nicht wohlgesonnen, aber vielleicht klappt es ja beim nächsten Mal.

Danke auch an „die Steinwenderin", die mit mir die ersten Gedanken zu diesem Projekt gewälzt hat, und an Elisabeth Stein-Hölzl für die ursprüngliche Idee zu diesem Buch.

Fühlt euch umarmt!

Wolfgang Salomons Begeisterung für Venedig kennt keine Grenzen – schon gar keine jahreszeitlichen! Immer wieder entdeckt er neue Facetten und Nuancen der Serenissima. In Wien verwöhnt der Bestsellerautor und Genussmensch seine Gäste seit vielen Jahren mit den Aromen der Cucina Veneziana und Triestina. Neben der Küche Norditaliens liebt er seine Familie, Literatur, Musik und das Finden von Lieblingsplätzen abseits der Touristenströme.

Im Styria Verlag erschien von ihm bereits „Venedig und die Lagune für Fortgeschrittene" (2019).

Hat Ihnen dieses Buch gefallen? Dann freuen wir uns über Ihre Weiterempfehlung. Erzählen Sie davon im Freundeskreis, berichten Sie Ihrem Buchhändler oder bewerten Sie beim Onlinekauf.

Wünschen Sie weitere Informationen zum Thema? Möchten Sie mit unserem Autor in Kontakt treten? Wir freuen uns auf Austausch und Anregung unter **leserstimme@styriabooks.at**

Inspiration, Geschenkideen und gute Geschichten finden Sie auf www.styriabooks.at

STYRIA
BUCHVERLAGE

ISBN 978-3-222-13664-1

Bücher aus der Verlagsgruppe Styria gibt es in jeder Buchhandlung und im Online-Shop www.styriabooks.at

Alle Fotografien inkl. Cover: Wolfgang Salomon
Bildnachweis: Innenaufnahmen Museen: Wolfgang Salomon. Abdruck mit freundlicher Genehmigung des Museo Correr – Fondazione Musei Civici di Venezia (S. 51, 165), des Museo di Storia Naturale – Fondazione Musei Civici di Venezia (S. 52) und des Museo storico navale della Marina Militare (S. 53).

Buch- & Covergestaltung, Karte: Daniela Vogl/www.kettnervogl.at
Lektorat: Carina Manutscheri
Projektleitung: Elisabeth Blasch
Herstellungsleitung: Maria Schuster

Druck und Bindung: Holzhausen/Gerin
7 6 5 4 3
Printed in Austria